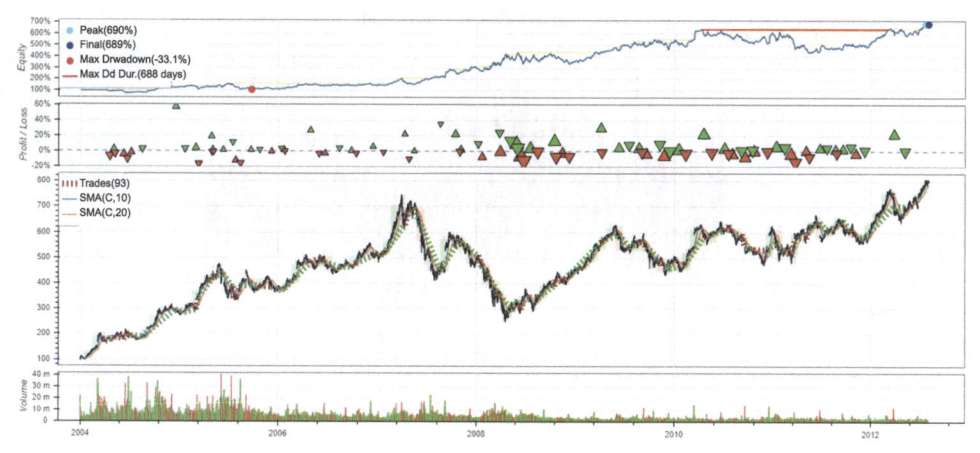

图 1-13　回测一个简单策略

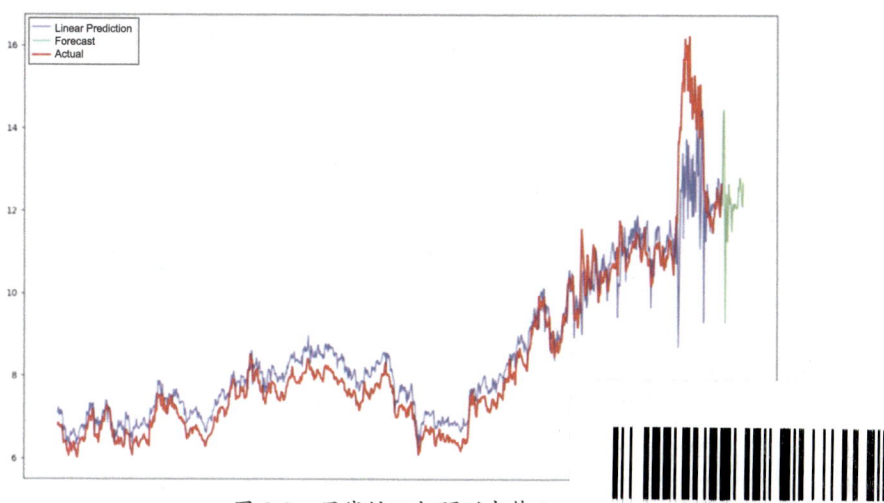

图 2-3　用线性回归预测走势 1

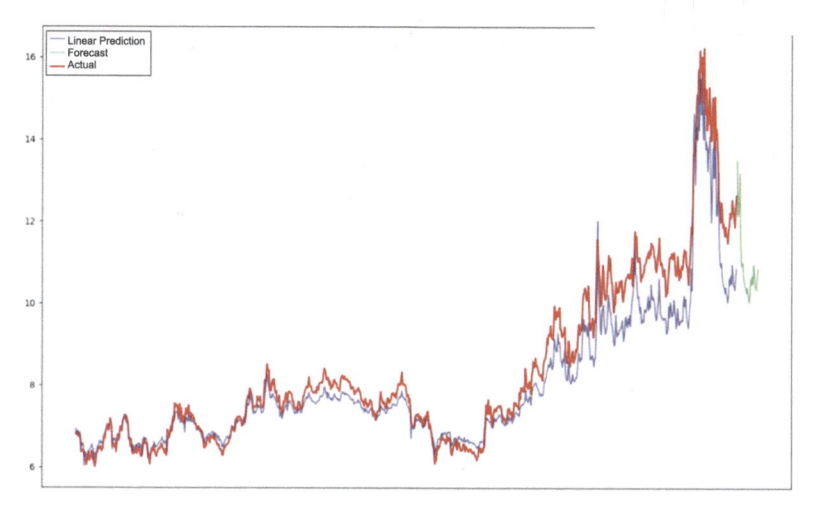

图 2-4　用线性回归预测走势 2

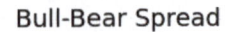

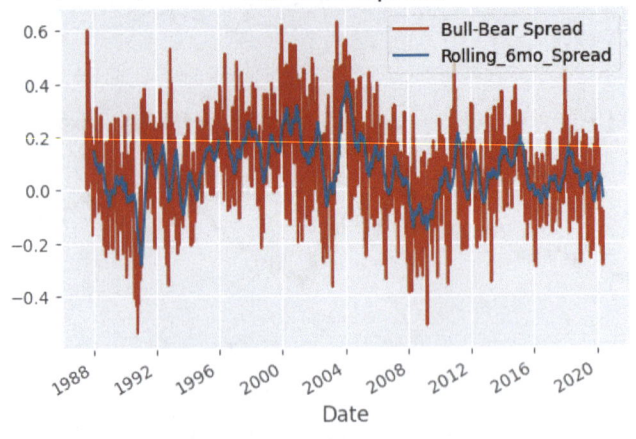

图 3-1　牛熊利差及滚动平均值（数据来源于 AAII）

图 3-3　资产与股市指数的对比图

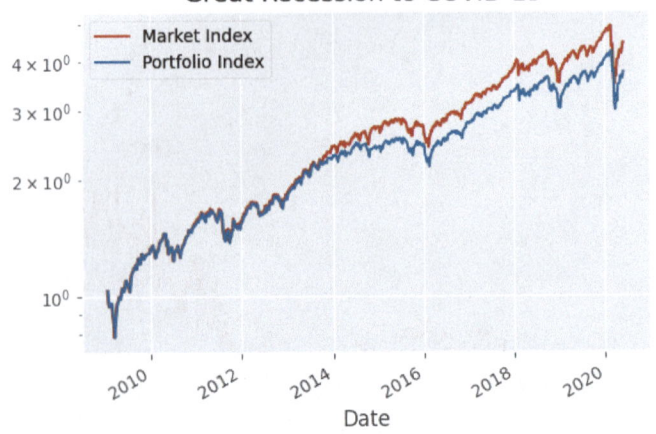

图 3-4　资产与股市指数的对比图（合并 2009 年后的走势）

图 3-5　情绪策略的夏普率减去被动市场策略的夏普率

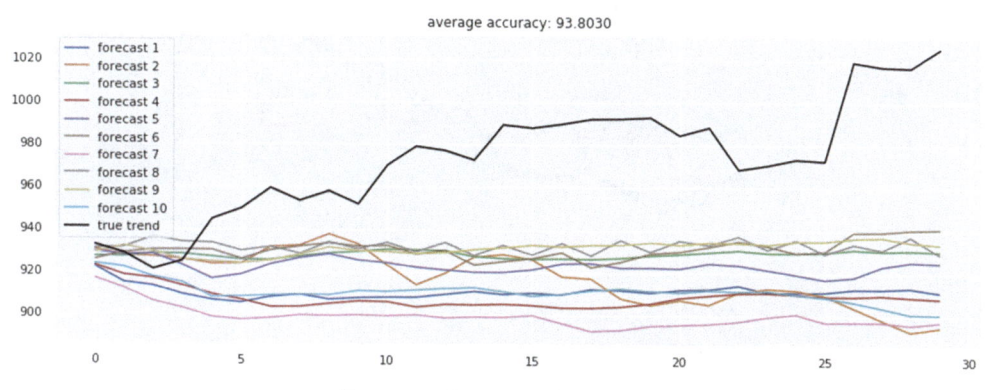

图 4-4　双向 LSTM 的预测结果

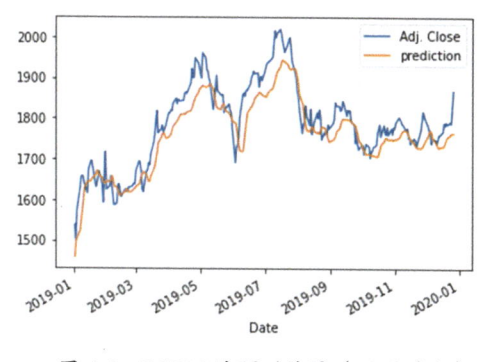

图 4-5　LSTM 的预测结果（用于对比）　　　　图 4-6　GRU 的预测结果

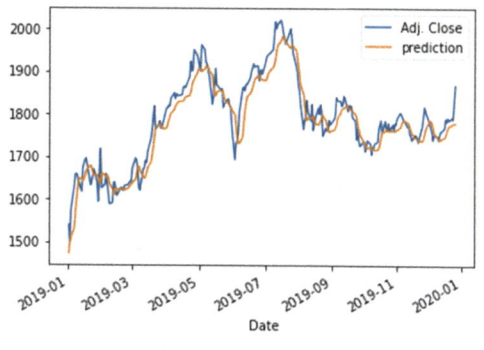

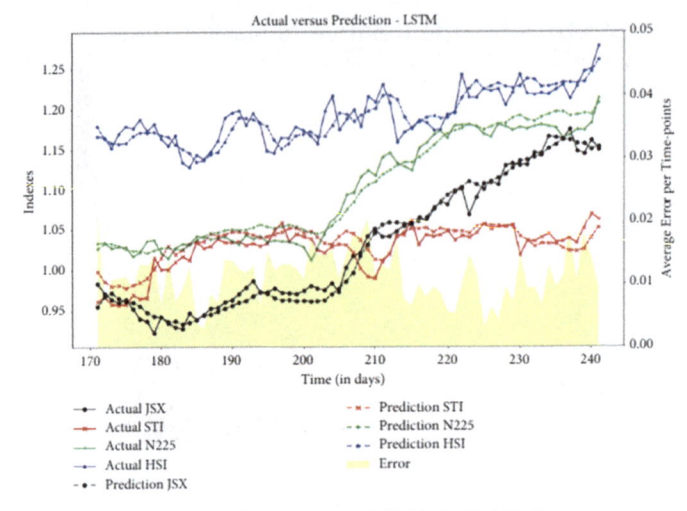

图 4-8　单层 LSTM 结构模型预测结果

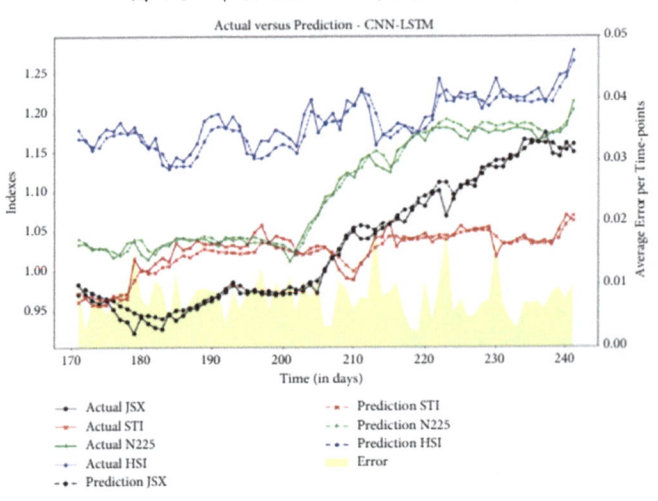

图 4-9　CNN-LSTM 结构模型预测结果

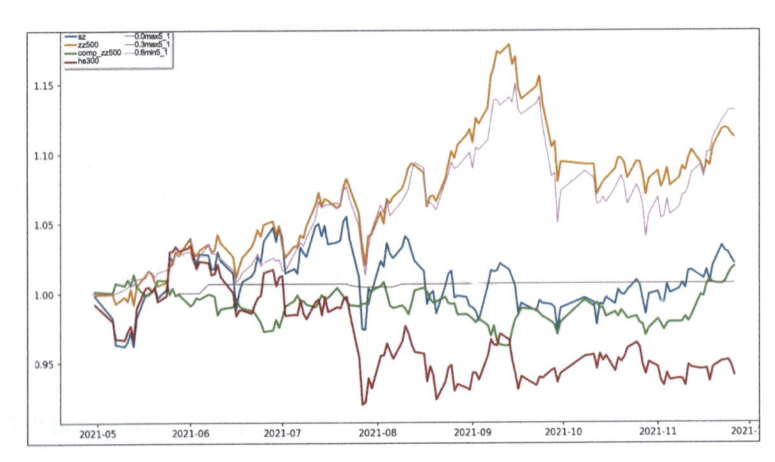

图 4-15　回测结果

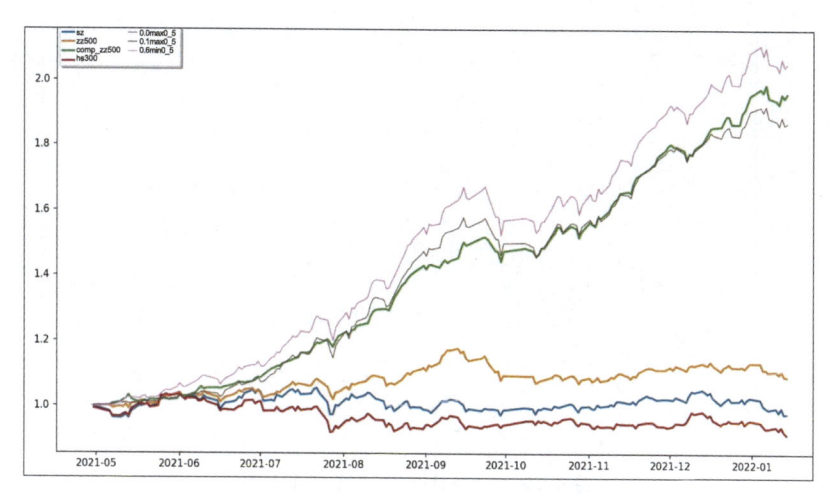

图 4-16 实验 2 的第一部分结果

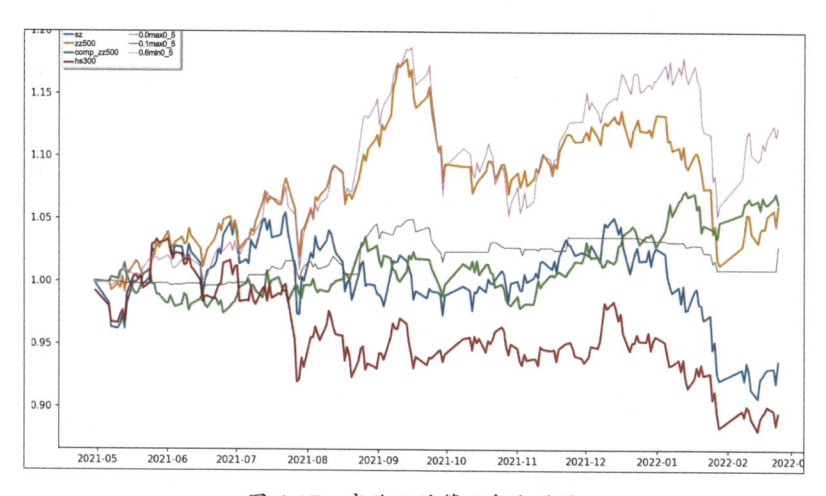

图 4-17 实验 2 的第二部分结果

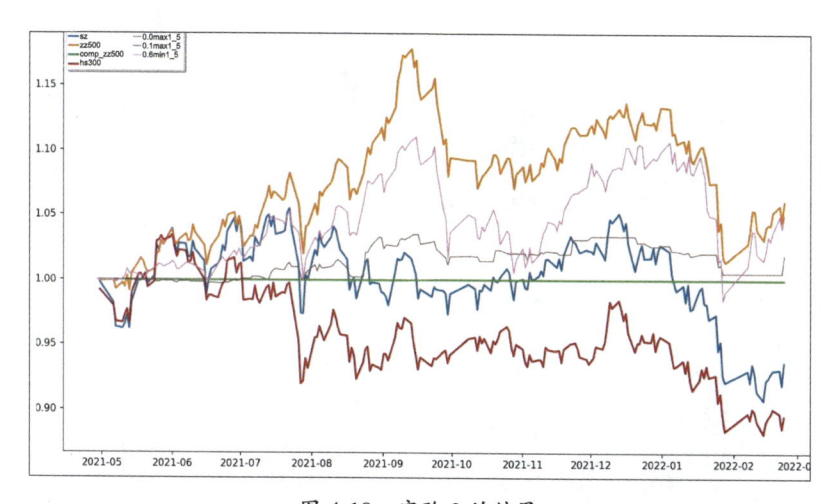

图 4-18 实验 3 的结果

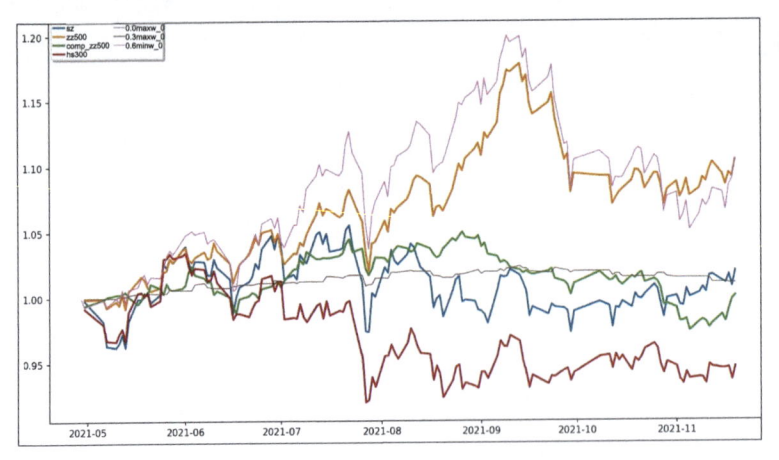

图 4-19 预测目标改进实验 1 结果

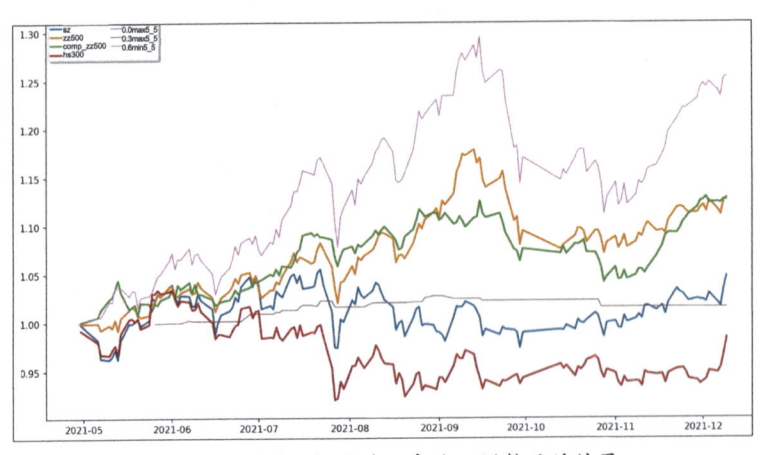

图 4-20 预测目标改进，实验 1 调整后的结果

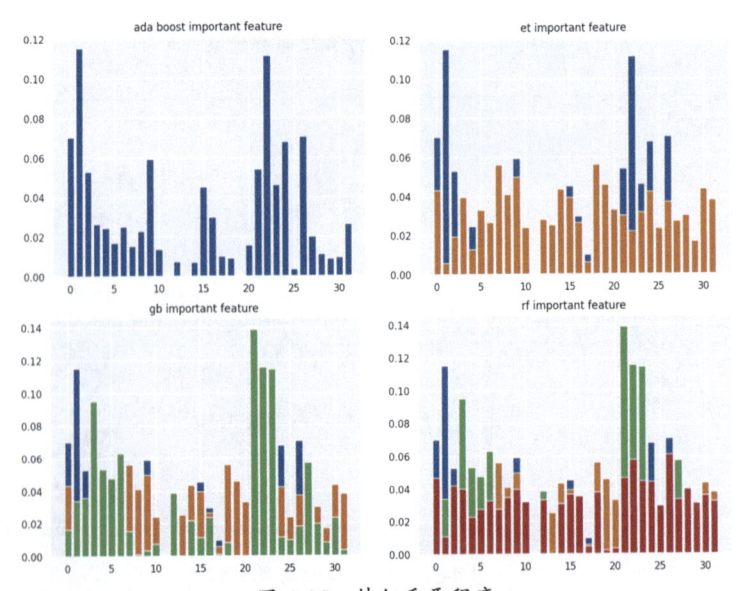

图 4-25 特征重要程度

图 4-26 热图

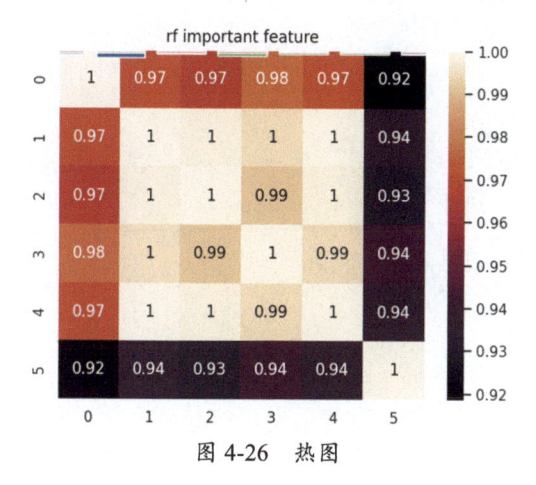

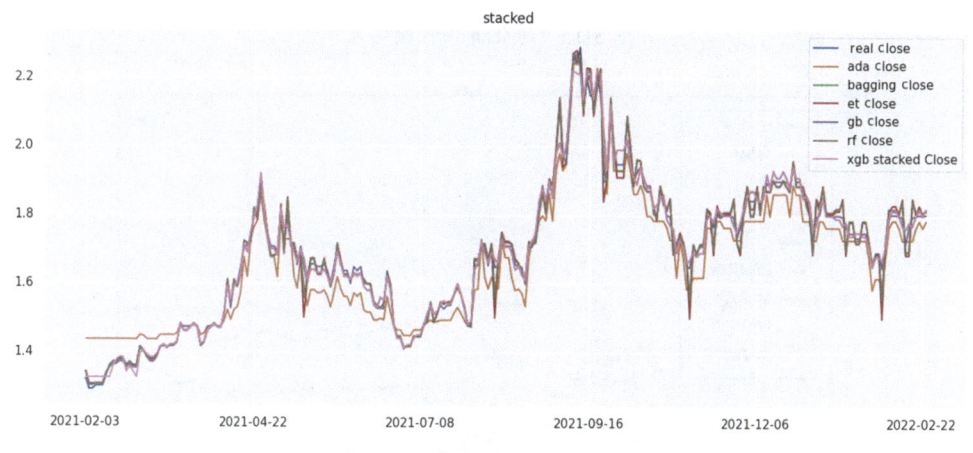

图 4-28 集成模型再预测结果

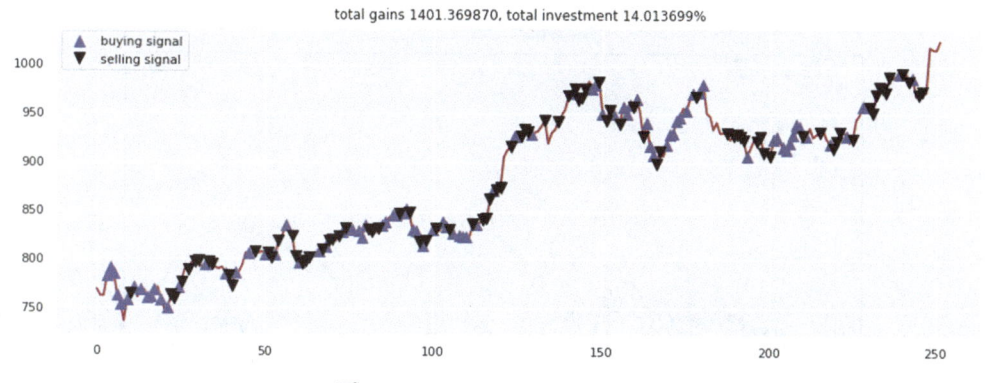

图 5-12 好奇心网络回测结果

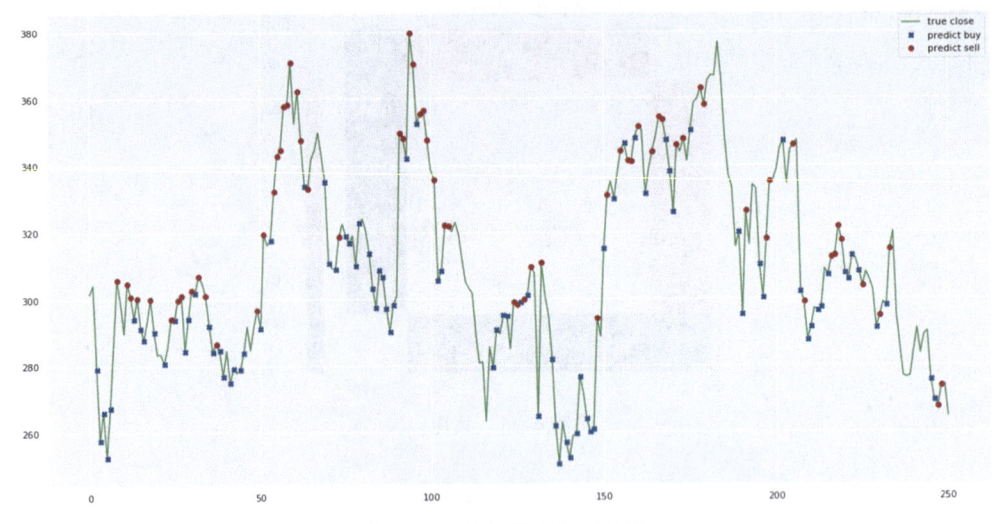

图 5-15　进化算法预测结果

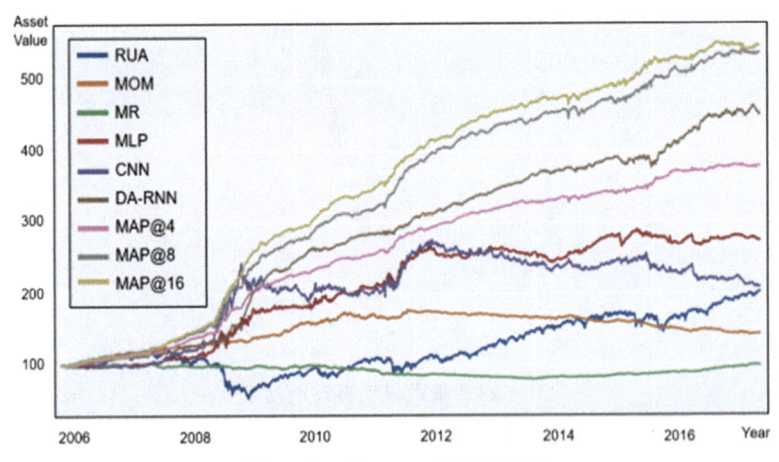

图 5-18　多 agent 的预测结果

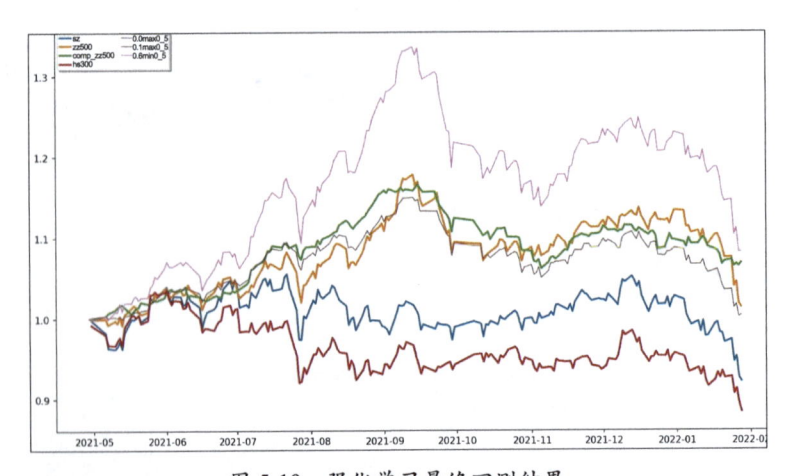

图 5-19　强化学习最终回测结果

交易的密码
用算法赚取第一桶金

吴岸城 ◎ 著

电子工业出版社
Publishing House of Electronics Industry
北京·BEIJING

内 容 简 介

传统的股市技术分析书籍一般从图表模式和技术指标出发，分析如何选择进入点和退出点、开发交易系统以及制定成功的交易计划。近年来，机器学习与神经网络技术快速发展，并且与传统量化方法相结合，产生了无限的可能性。基于此趋势，本书将重点放在交易模型的构建上，即如何寻找合适的算法来实现交易以及如何优化这些算法。本书直接从技术指标等数据出发，介绍了交易模型与投资组合优化方法、如何利用基础算法（线性回归、lightGBM）预测股市的涨跌与股价、利用消息面来预测市场情绪、利用深度学习和强化学习算法预测股票走势，以及如何进行套利交易和网格交易等。

本书适合对投资有兴趣的人群阅读。

未经许可，不得以任何方式复制或抄袭本书之部分或全部内容。
版权所有，侵权必究。

图书在版编目（CIP）数据

交易的密码：用算法赚取第一桶金 / 吴岸城著. —北京：电子工业出版社，2023.8（2025.9 重印）
ISBN 978-7-121-45763-0

Ⅰ. ①交… Ⅱ. ①吴… Ⅲ. ①计算机算法－应用－股票市场－市场分析 Ⅳ. ①F830.91-39

中国国家版本馆 CIP 数据核字（2023）第 103639 号

责任编辑：刘　皎
印　　刷：涿州市般润文化传播有限公司
装　　订：涿州市般润文化传播有限公司
出版发行：电子工业出版社
　　　　　北京市海淀区万寿路 173 信箱　邮编 100036
开　　本：720×1000　1/16　印张：12.5　字数：273.5 千字　彩插：4
版　　次：2023 年 8 月第 1 版
印　　次：2025 年 9 月第 4 次印刷
定　　价：79.00 元

凡所购买电子工业出版社图书有缺损问题，请向购买书店调换。若书店售缺，请与本社发行部联系，联系及邮购电话：(010) 88254888，88258888。

质量投诉请发邮件至 zlts@phei.com.cn，盗版侵权举报请发邮件至 dbqq@phei.com.cn。
本书咨询联系方式：Ljiao@phei.com.cn。

前言

如果可以预测股票走势，那该多么令人振奋，股市就成了自己的"提款机"，这对于处在任何阶段的人来说，诱惑力都很大。出于赚钱的目的，我投入对股票市场或其他投资标的的研究中，尽量只用机器学习或深度学习模型去选股、择时。在这个时期我走了一些弯路：

开始阶段我是兴奋的，总是迷信新的算法结构，迷信算法能解决一切，只用深度学习解决一切。刚开始时回测效果相当好，但结果并不好，一直在找问题、找解决方案。

第二个阶段是迷茫时期，因为开始阶段的实盘效果不好，在这个阶段我几乎尝试了各种方法。从最早的海龟交易法到因子选择，到 α、β 超额利润，甚至形态方法、趋势方法等，可以说绝不放过任何一种方法，也没有放弃将它们与算法结合。

第三个阶段就是目前的阶段，在接触各个私募的不同算法思路后，我有两个发现：一是大家的实盘都有涨有跌，当然有些私募实盘线很稳，而实盘稳定有可能是上了对冲盘，在不考虑对冲的情况下，跑实盘最多 6 个月，策略就开始不奏效或者收益开始降低；二是大家慢慢抛弃了传统的因子理论、机器学习统计方法，并减少或者完全去除人工干预，通过向纯粹的算法模型转型来解决问题。

在这个阶段，我重新梳理了目标，不再将精力花在调整优化模型上，而是从最终结果出发最大化实盘的利润，比如进行中期预测，引入强化学习、高频交易概念，努力从市场上一点点抠出利润。这个过程同时也是发现自己心态上的弱点的过程，虽然我不想把整件事描述得很玄，但不管是直接进行实盘交易还是利用模型进行实盘交易，心态绝对是影响发挥的重要因素。

世界上绝大部分市场均是博弈环境，在博弈环境中唯一不变的就是变化本身，而变化的根源就在于多、空两种力量的互相制衡。

现在回到我为什么要写本书的问题上。刚开始只是想记录自己学习的步骤和目前的进展，后来越写越感觉需要学习更多的知识。除了将这些知识融入书中，我也不停地反思并渐渐补全了自己的交易思路。

虽然交易思路很重要，但本书还是将重点放在交易模型上，即如何实现交易模型，如何寻找合适的算法来实现交易，如何优化这些算法。至于交易思路这种看起来"玄而又玄"的东西，我认为更应该由交易者亲自去体悟，也就是在做的过程中体验、领会。

本书从内容上大致分为以下四个部分。

第一部分，即第一章，交易模型与投资组合。主要阐述交易策略。先介绍什么是交易策略、交易策略的种类，再从交易策略出发，普及回测、数据获取的概念，并引申到交易模型的概念。这就是现代量化交易的雏形，接下来分析量化交易的特征（特征工程可以算是量化模型中最重要的部分了）。本章最后梳理了投资组合的优化方法，并给出了部分代码。

第二部分介绍交易算法初级部分，包含第二章和第三章。第二章主要阐述如何用线性回归、lightGBM 方法预测股价，其中还穿插了外汇市场上常用的波动率预测。第三章比较特殊，阐述如何利用消息面来预测市场情绪，并根据市场情绪进一步判断股票市场。

第三部分是算法进阶的内容，包含第四章和第五章，主要阐述利用深度学习、强化学习的算法预测股票走势。除了讲解算法的优缺点，还逐步分析了传统强化学习算法不利于股票预测的缺陷——希望给大家提供一些思路，各类交易算法层出不穷，但思路变化的可能性比较小。

第四部分的内容比较庞杂，包括第六章至第八章。第六章从斐波那契数列开始，给出了股票形态上的分析。此分析完全脱离了深度学习算法。我个人并不排斥传统方式，只要有用、能经受住检验的方法，我认为都需要学习。第七章从套利出发，介绍了套利的特殊形态网格交易。由于网格交易有明显的缺陷，本章最后也提请读者注意和规避网格的问题。第八章是问答集，汇总了我遇到的形形色色的问题，供读者参阅。

书中没有收录所有的交易方法，毕竟写一本工具书并非我的初衷。同时，自有代码有产权归属问题，无法直接公开，因此本书所有的代码均来自公开代码（GitHub），或修改自公开代码，特此说明以免不必要的误会。本书参考资料及链接资源请登录官网 www.broadview.com/45763 单击"下载资源"获取。

时间所限，书中肯定还有不成熟的地方，请大家批评指正。

谨以本书纪念我的父亲。

著　者

目录

第一章　交易模型与投资组合ᅟ..1

第 1 节　建立底层交易逻辑ᅟ..3
第 2 节　交易策略的发展ᅟ..4
第 3 节　交易策略ᅟ..6
第 4 节　回测ᅟ..14
第 5 节　数据获取ᅟ..20
第 6 节　建立交易模型ᅟ..23
第 7 节　交易的特征工程ᅟ..30
第 8 节　投资组合优化ᅟ..43

第二章　用机器学习预测股价ᅟ..53

第 1 节　机器学习过程ᅟ..55
第 2 节　回归模型：从风险到回报ᅟ..57
第 3 节　波动率预测与波动套利ᅟ..61
第 4 节　使用决策树追踪趋势ᅟ..66
第 5 节　提升交易策略稳定性ᅟ..71

第三章　交易的情绪ᅟ..75

第 1 节　情绪分析原则ᅟ..77
第 2 节　如何构建情绪指标ᅟ..81
第 3 节　基于词向量与句向量的新闻分析ᅟ................................84
第 4 节　其他的情绪识别思路ᅟ..88

第四章　用深度学习指导交易 89
第 1 节　基础深度模型 91
第 2 节　LSTM 可以用来选股吗 93
第 3 节　双向 LSTM 是否会更好 95
第 4 节　GRU 优化了什么 96
第 5 节　集成的 CNN 结构 98
第 6 节　关于选股模型的思考 104
第 7 节　选股模型改进 107
第 8 节　集成模型 122

第五章　在交易中应用强化学习 127
第 1 节　强化学习基础框架 129
第 2 节　手动实现股票买卖的强化学习网络 132
第 3 节　改进 DQN 网络 135
第 4 节　回合制还是持续式：Actor-Critic 137
第 5 节　稀疏奖励：好奇心提高 agent 对环境的可知性 138
第 6 节　神经网络自动进化：Neuro-evolution 141
第 7 节　强化学习的框架选择 144
第 8 节　设计一个符合交易系统的奖励 145
第 9 节　双 agent：选择交易时机和交易价格 146
第 10 节　应用强化学习需要注意的事项 148

第六章　传统的指标：神奇还是普通 151
第 1 节　斐波那契数列 152
第 2 节　ABCD 交易法 154
第 3 节　谐波模式 157
第 4 节　自动找出谐波模式 160

第七章　高频交易 163
第 1 节　套利交易：魔鬼的价差 164
第 2 节　跳绳交易 166
第 3 节　网格交易：利用好每一次波动 167
第 4 节　搭建网格交易系统 169

第 5 节　网格交易的常见问题与进阶 172
第 6 节　高频交易框架 173

第八章　问答集 177

第 1 节　介入时机 178
第 2 节　有了算法后，还需要人工介入吗 178
第 3 节　需要多人的资金规模 178
第 4 节　如何预测黑天鹅事件 179
第 5 节　什么是指数增强 179
第 6 节　私募公司是如何开发策略的 180
第 7 节　是否要在机器学习模型中单独区分行业 181
第 8 节　指数是否重要 181
第 9 节　追涨或打板 181
第 10 节　股票池筛选原则 182
第 11 节　如何设置机器学习的目标 182
第 12 节　如何建立分类任务：二分类还是多分类 183
第 13 节　如何确定长期、中期、短期的周期规律 183
第 14 节　如何研究对手盘 184
第 15 节　什么是冲击算法（下单算法） 185
第 16 节　如何利用大模型进行研报的分析判断 187
第 17 节　傻瓜的故事 190

附录 A 192

第一章
交易模型与投资组合

很多书或者视频都在讲一个概念，就是如何建立起自己的交易模型（也称为投资模型或交易策略等）。交易模型可以这样定义：交易模型是买卖证券的固定计划，目的就是盈利，它应该是客观的、一致的、可量化的和可验证的。

本章先探讨建立交易模型的思维，将本章作为第一章，是希望大家学完本章能建立两种思维模式：第一种是交易模型思维，它关注的是如何建立交易的思维，本书所探讨的交易思维基本上都是建立在数据之上的；第二种是投资组合思维，即任何投资都不是单项投资标的的选择，不管你是在做股票、基金、债券，或者是全部都做，都能应用分散投资的原则。如何选择投资标的？是否有一套方法能让我们选出更优质的投资标的？这就是本章要讨论的议题。

第 1 节　建立底层交易逻辑

如果我们开始买卖股票，至少需要先考虑清楚买什么股票，在什么价位买，以及在大概什么情况下卖出，或者以什么价位卖出。

即使这些问题事前都想清楚了，在交易前或交易过程中仍然会不放心，一直到该股票卖出，我们还是不放心。交易前想得最多的是买这只股票对不对，它会涨吗？买了之后还会害怕股票跌，纠结于如果当初没有买入该股票是不是会更好？卖出后，我们又会想在这个价位卖出是不是卖亏了，是否还可以等它再涨一涨？

不管心中有多少杂念，我们的心态总结起来就是不敢买，不敢拿，不敢卖。这是人性的弱点。这主要是因为我们无法确定自己的交易系统是否完备且可靠，无法确定我们所发现的股票运行规律是否有效。

为什么会这样，我们先梳理下股票市场是怎么运作的，如图 1-1 所示。

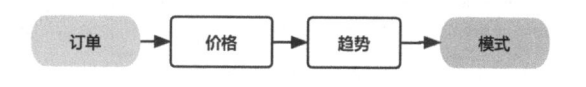

```
订单 → 价格 → 趋势 → 模式
```

图 1-1　股票市场的运作

股票市场，其实就是中介平台，或者说大部分的投资市场都是类似的中介平台，平台上必须存在对家，最简单的形式就是买卖双方。当然，有时对家不止买卖双方，但不管有多少方，都是从买卖双方演变出来的。

股市是一个由对家支撑起来的中介平台，它的原始数据只有一种——**订单**，即**买卖**的委托单，另外就是由订单转化的成交单，这就是股市里最原始的数据。

由于订单的价格都是下单时填写的，按此价格成交后就形成了成交单，汇总一天中所有的成交单，就形成了最高价、最低价、开盘价和收盘价，将它们绘制成图就是蜡烛图，无数个蜡烛图就形成了 K 线。K 线的走势时间一长，就形成了趋势；从趋势中总结出一定的规律，就成为股票的模式（形态）。

股票的交易模式（交易理论），像波浪理论、道式理论、缠论等都是从股票的形态中总结出来的，而所有模式的根源都来自订单，所以，订单是上层理论演化的基础。

交易的本源在于订单，而订单的成交又是买卖双方在中介平台（股市）博弈的结果，这种博弈结果影响了股价的走向。我们从这种博弈中总结出的交易规律就是交易策略。

第 2 节　交易策略的发展

交易所起源于 17 世纪的荷兰阿姆斯特丹证券交易所，当时的买卖还全靠手抄。手抄是需要时间的，如果提前了解股价的走势，就能获取更多利润。当时的交易员或者手抄员由于长时间在交易所蹲点，能收集各地交易员的数据，因此衍生出了专门帮客户代下单的服务，谁的服务好，谁就能获取更多客户的青睐，这一切都源于对市场的认知。

交易策略最早起源于交易员对市场的认知，交易员将这种认知转换成了可以在市场中操控的某种方式，比如什么时候买入股票或期权，数量是多少。由于这种交易的原则完全依靠价格来记录和跟单，信息并不透明，完全掌握在了少数人手里，因此也没有办法验证，只有下单后才能观察到股价的涨跌，因此仅依靠每日的非实时价格来反映市场就很不直观，如图 1-2 所示。

交易员 → 市场理解 → 交易策略 → 操作 → 结果

图 1-2　最早的交易策略

真正的改变发生在 19 世纪日本德川幕府时代，当时日本米市商人用蜡烛图（图形与蜡烛相似而得名）来记录米市的行情与价格波动的关系。蜡烛图简单直观，很快被引进股市及期货市场。在这个时期，人们进入了将市场数字图像化表征的时代，金融社会对观察交易的工具开始有了共识，这种共识延续至今。这个时候图 1-2 进化成了图 1-3（基于 K 线图的交易流程）。

交易员 → 价格K线图 → 交易策略 → 操作 → 结果

图 1-3　基于 K 线图的交易流程

从 19 世纪开始，到 20 世纪 60 年代被称为传统交易时代，即交易过度依赖于交易员，是否成交很大程度上取决于交易员本身的知识、经验，对交易员有很高的要求，而人的知识经验是无法定量解释的，过去的经验不一定对现在有效，从外部获得的消息也未必准确。因此光靠人的经验和知识来操盘，风险并不可控。

在我国股市的前 10 年中，大多数投资平台或公司还处于传统交易的状态。可喜的是，目前我国的投资理论和实践已经向数据分析倾斜了，至少笔者所了解的私募公司在 15 年前基本上已经开始利用数据来操作股票交易了，而个人炒股者也不仅仅是只会分析 K 线图。

第三个阶段是现代交易的雏形，形成于 50~60 年前（参见图 1-4）。除了交易数据，数据还被细分成多个领域，交易员开始越来越依赖数据以及统计结果，并为此总结了不少方法。

交易员 → 数据 → 统计方法辅助 → 交易策略 → 操作 → 结果

图 1-4　统计方法辅助交易流程

这个阶段主要使用 K 线图来研究交易形态：比如"双 W"可能会产生一个反转的上升通道，如果 30 天的平均线和 180 天的平均线在向上处交叉，就会有上升的可能；如果向下交叉，就有下跌的可能。这些图形成为买入和卖出的依据之一。当时，人们总是为偶然发现的图形上的"秘密"而激动。此阶段产生了很多一直沿用至今的理论，像我们熟知的"箱体"理论、波浪理论和缠论等。但是，人们很快发现某个理论或所谓的黄金公式迅速失效，或者虽然在某些股票上仍有效，但在其他股票上全部失效。于是，人们开始质疑这些图形分析方法并不可靠，甚至认为还不如自己的直觉。不过，一种理论一旦出现，并且有不少人声称在实践中操作成功，那它必然蕴含了统计学的原理。由于这些规律总是开始有效而后失效，因此在个人交易者中间流传着这样一条规则："如果你有一条交易的策略被大多数人所知道，那么这个交易策略就会失效"。笔者认为这个阶段可以称为数据交易阶段或者量化交易的初期。

那么，什么是量化交易？顾名思义，量化交易主要是指从历史金融数据中提炼出对操盘有指导意义的策略并执行之。

第四个阶段，笔者认为是革命性的，在这个阶段，交易员或者分析师的大部分工作被工具替代了。这些本该由人完成的大部分工作，渐渐转变为由机器或算法完成，机器或算法也从数据中学习出新的交易模式，甚至逐渐产生不同于人类分析结果的方案。在此阶段，人的主观影响占比越来越小，交易流程演变成图 1-5 的形式。

机器学习 → 数据 → 交易策略 → 操作 → 结果

图 1-5　由机器学习主导的交易流程

这个阶段可以称为算法交易时代，交易策略的主体由人变成了算法，人们根据算法输出的策略来指导交易。

第3节　交易策略

什么是交易策略？我们先来看一个例子（如图1-6所示）直观地感受下。

外汇均线交易策略：20、40、80均线。该策略非常简单，如果当前价格超过20日、40日、80日的三条均线就买入；如果低于这三条均线则卖出。

图1-6　简单交易策略演示 [1]

该策略的条件：大于或小于三条均线。

操作方法：全仓买入或卖出。

标的对象：大多数外汇市场。

根据这个简单的例子，可以先得出交易策略的定义：交易策略就是指导买（卖）什么、买（卖）多少和什么时候买（卖）的一系列方法。

交易策略可以分为如下七种类型。

新闻交易策略

新闻交易策略（如图 1-7 所示）基于新闻和市场预期交易投资标的，交易可以是在新闻发布之前或之后。在新闻发布之前知道的消息，称为内幕消息。不过，根据笔者的经验，绝大部分真正的内幕消息都不是普通人所能获得的，所以笔者并不赞同通过内幕消息炒股，最多作为参考。

不管是新闻、市场预期或内幕消息，本质上都只是信息而已，如何处理信息决定了交易的成功率，需要考虑两点：第一，市场是否已经对该信息有反应了？第二，消息是否符合市场预期或猜测？如果是完全反向的信息，则一般会对市场产生较大波动影响。例如，如果预期俄罗斯要打乌克兰，而且概率越来越大，结果俄突然撤兵，那么，这对于市场就是出乎意料的消息，即该消息对股票市场的刺激就大。

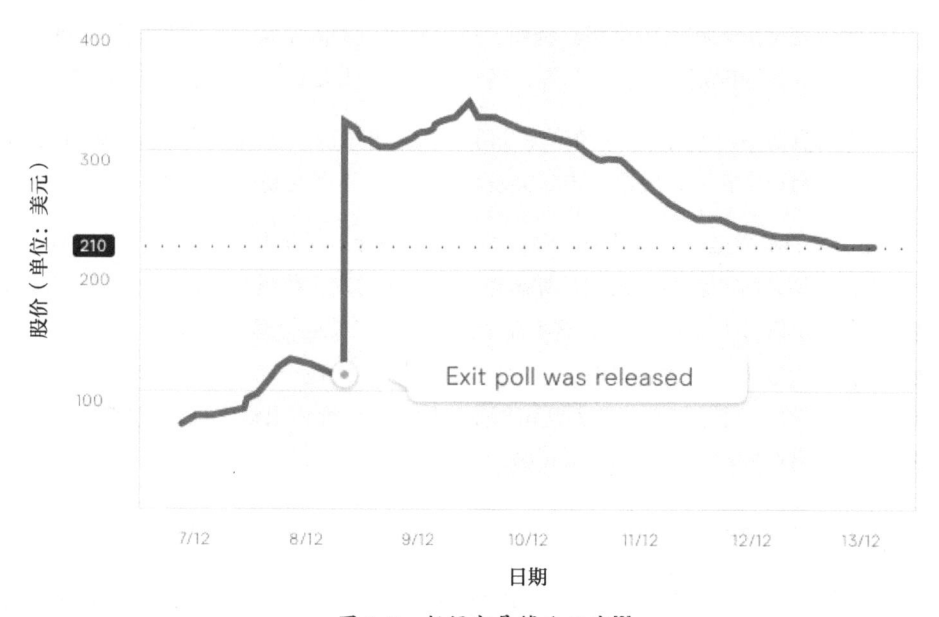

图 1-7 新闻交易策略示意[2]

关于新闻交易策略，应注意以下要点。

（1）将每个市场的新闻视为一个单独部分，单独进行考察分析。

（2）为特定的新闻制定交易策略，也就是对新闻进行分类处理，例如将上市公司的公关类信息和研报类信息加以区分。

（3）市场预期和反应比新闻本身更重要。

（4）根据新闻交易时，交易者对金融市场运作方式的了解相当重要。市场需要量能才能推动，量能则来自大家的共识，而是否买入股票大部分依赖于新闻发布或公告等信息流。所以，新闻常常被纳入影响资产价格的因素中，这是交易者通过新闻进而预测市场反应的结果。新闻交易对于波动大的市场特别有用，像石油和其他大宗商品。

（5）"靴子没有落地时更好"。

以上是常见的交易格言，它们表明：最好在公告之前根据价格走势进行交易，而不是简单地等待公告，这样可以免受波动的影响；另有一句格言可以作为辅助参考："买入谣言，卖出新闻"，也就是当市场上流传了一则对于该股票有利的消息，但还没有被证实时是买入的好时机，当消息已经被证实了，也就变成了新闻，这时就应该卖出股票。

新闻交易策略有如下优势。

（1）可以定义进入和退出策略。例如，可以制定"美国发布加息消息即买入黄金；某国发布找到大片油田则卖出石油"等，当然，这些都需要结合其他指标共同判断。

（2）交易机会多。每天都有发布的新闻事件和经济情况，它们都可以提供交易机会。可以通过浏览财经类新闻、股票公告或突发新闻来发现这些交易机会。

新闻交易的本质是一种事件或社会行为，这样的行为存在很多种分析思路。例如，将企业发言人说话时的表情、语气、神态和公开的新闻发言稿进行比对，如果出现较大反差，会有提示信号（买入卖出），这本质上还是利用了某种信息或事件进行交易，只不过使用了新的提取手段。笔者可以大胆地猜想，这种手段在一定时间内是有效的，读者可以天马行空想象一下，还有哪些方法可以从已知数据中提炼出常人难以观察到的信号，这样的交易信号往往在一开始都会很见效。

日内交易策略

日内交易策略（如图 1-8 所示）适用于白天有时间的人。日内交易者利用市场开盘和收盘之间的价格波动进行交易，通常在一天内进行买入和卖出操作，而不会隔夜持仓，以尽量减少隔夜市场波动的风险，这就要求市场允许 T+0 交易方式。

日内交易的好处在于避免了隔夜风险。交易者只进行持续 1 到 4 小时左右的短期交易，从而最大限度地减少长期交易中可能存在的风险。即使避免隔夜风险，仍建议遵循确定好的交易计划，考虑各种突发状况。

图 1-8　日内交易策略示意[2]

日终交易策略

日终交易策略（如图 1-9 所示）就是在市场快收盘时进行交易。比如沪深股市的下午 2 点 50 分，我们会观察到不管当天的涨跌情况如何，快收盘时总会放出一波量能，这部分量能就是按照一定的程序和规则，每天快收盘时再买卖的。

采用日终交易策略需要研究与前一天价格走势相比的价格走势，也就是在快收盘时大致知道今天的点位，因为最后几分钟一般不会有太大变化。然后，交易者会根据前后两日的情况决定是否要留下股票。如果不卖可能第二天低开，有一定的隔夜风险；如卖出股票，也会有第二天高开的情况，意味着浪费了一次高开获取利润的机会。

与日内交易策略相比，日终交易策略只需要研究开盘和收盘时的走势，这种交易方式投入的时间更少。

剥头皮交易策略

剥头皮交易策略（如图 1-10 所示）是指每次操作只针对微小的价格波动，并由微小的利润累积起来，形成利润。它是高频交易的一种，在外汇、黄金、期货交易中尤为常见。为防止大幅回撤，必须制定一个严格的退出策略。

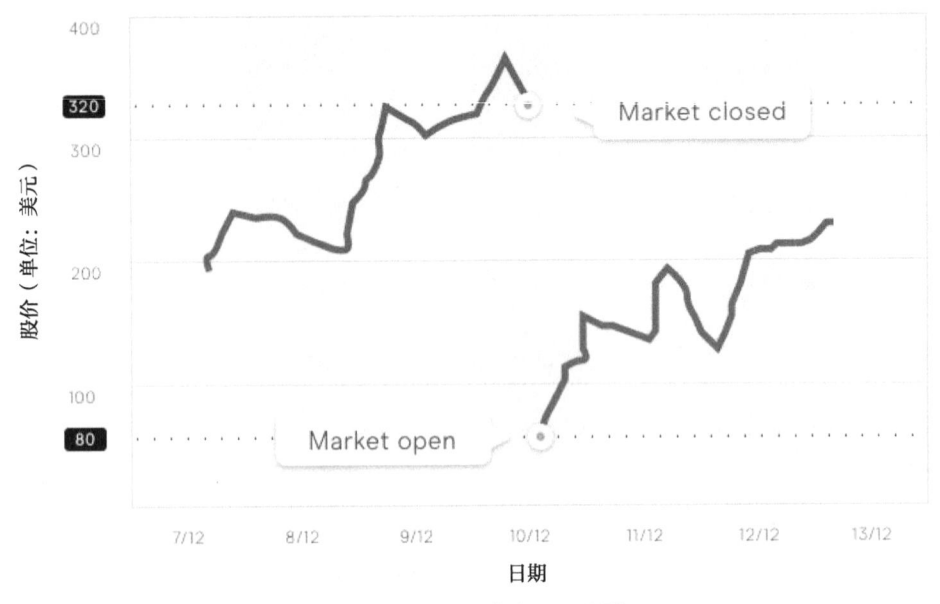

图 1-9　日终交易策略示意[2]

图 1-10　剥头皮交易策略示意[2]

本策略的优势有以下几点。

（1）没有隔夜风险：持仓时间短，可以不持有隔夜仓位，大多数交易最多持续几分钟。

（2）很适合作为业余爱好，可以利用闲暇时间进行交易。

（3）交易机会相当多：与其他策略如趋势或波段交易相比，有更多的交易机会。所以该策略非常适合用程序代替人来运作。

本策略的缺点也很明显，总结如下。

（1）市场适用性有限：仅适用于特定市场，例如指数、债券和某些股票市场。只有在波动性和交易量非常高时，才值得下手。

（2）纪律严格：由于本策略需要比其他交易方式更大的仓位规模，因此交易者需要严格控制资金的进出，并且考虑好各种退出方案。

（3）身心压力大：如果需要手动操作股票，就需要监控微小的价格变动，一刻也无法休息。因此，不建议初学者手动进行此类交易操作。

波段交易策略

一看到"波段交易"这几个字，大家都倍感亲切，它算是股民的老朋友了。简而言之，波段交易策略（如图 1-11 所示）就是当预测未来有上行趋势时买入股票，预测未来有下行趋势时卖出股票，不断重复此过程，靠买入卖出的价差赚钱。波段交易也是一种分析市场的技术方法，通过研究图表并分析趋势的变化来赚钱。

对每次波动的幅度和持续时间的预测准确性决定了能否赚钱，也就是要找到重要支撑位和阻力位（第六章会详细描述如何利用指标决定这些位置）。此外，需要注意市场热度和趋势动量，因为这些因素会使价格波动偏离整体平均线。

波段交易策略的要点在于：如果预测投资标的未来会整体上行，就应该在回撤时买入。例如，出现新一波高点时，也意味着第一个回调会出现。反过来同样成立，当出现新低点时，就要在第一次反弹时卖出。

笔者对此的建议是不要相信其他人的事后分析图，在股票市场输得一塌糊涂的人在事后也能说出 100 条以上的道理，来附和已经发生的股价走势。

波段交易策略有以下两点优势。

（1）与其他交易策略相比，波段交易更适合时间有限的人。

（2）波段交易策略涉及市场的双方交易，因此交易者可以做多或做空。

图 1-11　波段交易策略示意[2]

波段交易的缺点在于需要大量的研究。因为技术分析是由各种技术指标和模式组成的。例如，从 10 日平均线角度看，股价已经在往下走了，但从 20 日平均线角度看，股价却处于一个上升通道的短暂下跌阶段，那么，这是趋势反转还是上涨回调呢？对这类情况的判断，都取决于个人经验和对该股"股性"的把握。

趋势交易策略

"趋势是你的朋友"——这是巴菲特交易格言，也是市场上较准确的格言之一。跟随趋势与"看涨或看跌"不同。趋势交易者一般都是右侧交易（如图 1-12 所示），所以对市场应该走向何方或朝向哪个方向都没有自己固定的看法。趋势是被严格定义的一套系统，一旦达到这套系统规定的图形或位置，我们就认为趋势成立，确定该趋势后再跟踪趋势。当然，也需要时刻保持警惕并适应市场，因为趋势可能会迅速变化（例如因为某个突发消息）。趋势交易者需要意识到市场有翻转的风险，提前布局，通过对冲或止损单来减少风险。

趋势交易者更需要耐心，因为"顺应趋势"在短时间内赚钱比较困难。在正常情况下，需要对自己的交易系统有足够的信心，并严格制定纪律、遵守规则。当然，在市场变化时，趋势随之发生反转也需要重视，这往往就是赚钱还是亏钱的重要点位。

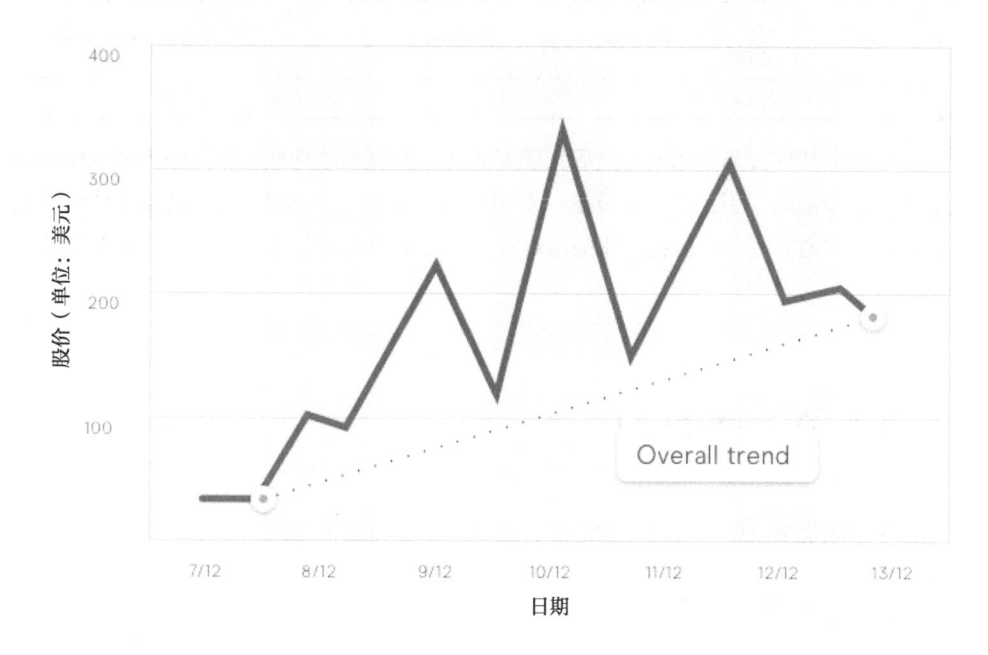

图 1-12　趋势交易策略示意[2]

针对趋势交易策略，需要注意以下两点。

（1）对趋势什么时候结束或出现改变迹象，要有自己的判断。

（2）趋势走到尾声时可能会加速，这是因为持有错误仓位的其他交易者希望尽量减少损失，此时他们会加速卖出相应的资产。

选择交易策略

选择交易策略并不一定很复杂，也不要死守一个交易策略。好的交易人员具有很强的适应性，随时可以根据外部变换调整交易策略。要做好这点，交易人员需要了解每个单独的交易策略，结合不同的交易方法开发出适合自己的交易系统。

我们可以集中以上几种不同的交易策略，形成自己的风格，例如综合运用趋势交易、波段交易、日内交易、剥头皮交易等策略，如表 1-1 所示。

表 1-1　交易策略与持仓时间

交易策略	持仓时间
剥头皮交易	几秒至几分钟
日内交易	几分钟，不超过一天
波段交易	几天至几周
趋势交易	几周至几年

了解以上几种交易策略的特点后，还需要在实际操作中判断哪些策略更适应市场。关于如何判断策略，引出了交易算法开发中的关键概念——回测。回测就是评估交易策略，让我们知道哪些策略赚钱、哪些策略亏钱，并帮助发现合适的策略，第 4 节将简单介绍回测。

第 4 节　回测

很多金融类书籍中都反复提到回测，回测为什么如此重要？

为什么回测很重要

首先要认识到市场上大多数交易者都在赔钱，赔钱并不是因为他们缺乏对市场的了解，而是因为他们的交易决策不是基于可靠的研究，甚至交易方法没有经过完整的测试。

很多人都希望能更快赚到钱，有可能头脑一热，仅凭借情绪、朋友建议甚至一个未经证实的消息就做出操作决定，可以想象这种策略一旦投入市场，无异于赌博。如果在交易前先回测、验证自己的想法，检验这个操作在历史上是否真能赚钱，就会帮助交易者提高在真实市场上交易并盈利的确定性。回测是到目前为止股票市场上唯一能确定衡量策略有效性的方法。

什么是回测

关于回测，维基百科给出的定义如下。

回测就是回溯测试的简称，是指用历史数据测试模型或策略。回溯测试是一种追溯，是一种特殊类型的交叉验证，适用于以前的时间段。回测也称为后测，后测是一种测试数学模型的方式——研究人员将过去事件的已知或近似估计的数据输入模型，查看输出与已知结果的匹配程度。

设想下，在你购买任何东西之前，无论是买手机还是买汽车，都会查看品牌历史、功能等，还会对比它之前的口碑，是否物有所值。同样的原则也适用于交易，验证一个策略在历史上是否能盈利，并以此来判断它现在是否值得应用在真实交易环境中。在回测的定义中有两个重要的词：一是验证，二是历史数据。同时，满足两个条件才能称为回测。因为如果不是历史数据，则无法知道采取该策略后的结果好坏，也就谈不上验证了。

我们再看看回测的基础定义：回测是根据历史数据测试**交易假设/策略**的过程。

既然回测是根据历史数据验证策略的准确性，那么如何验证准确性呢？假如我们有一个假设/策略，该假设指出，过去一年收益为正的证券很可能在接下来的一个月内获得正收益，那么，

（1）如何检验这个假设/策略？

（2）该假设/策略是否适用于该市场？

通过使用历史数据验证假设的准确性，比如通过历史数据验证，发现股票 A 在过去一年的收益为正，但上个月与上上个月的收益都不为正，那么根据这次回测结果，表明策略可能不适用于未来市场，需要再优化。

我们继续改动策略，增加"股票目前的价格需满足超过 80 日均线"的条件，再次进行回测，发现改动策略后，股票 B 同时满足条件，且上个月与上上个月的收益均为正，那么和股票 A 相比，股票 B 更符合验证期望的结果，因此，可以将股票 B 放入股票池中。综上，可以得到一条显而易见的规律：

> 如果根据历史数据对策略进行回测并且有正收益，我们便更有信心使用该策略进行交易。如果该策略在历史数据上表现不佳，就要放弃或重新评估策略。

此处有一条很重要的原则，即不要轻易相信别人的回测结果，不管结果多么可信，自己一定要重新走一遍回测程序，并且检测输入和输出数据。

回测要观察的几类指标

要做好回测，需要关注以下指标。

（1）收益率指标

- 净利润或亏损：收益或损失的净百分比

- 年化收益回撤比：平均年化收益率/测试期间出现的最大回撤比，这个指标直观地

表现了策略收益/风险水平

- 年化收益：固定杠杆下平均每年的获利水平

（2）风险指标

- 最大回撤：是指在选定周期内，产品收益率回撤幅度的最大值
- 最长回撤时间：历史资金曲线出现的未突破最高点的持续时间
- 仓位：用来衡量某些极端情况下的风险暴露程度
- 平均值：平均收益和平均损失的百分比

（3）获利稳定性指标

- 胜率/日胜率/月胜率/年胜率：成功赚取利润的交易次数与总交易次数的比率
- 风险回报比：如果该值为 2，那么指的就是此笔投资在赚取 1000 元利润的概率下有亏损 500 元的风险
- 夏普率：必须大于 0，一般需要大于 1，只作为参考
- 波动性指标：利润的最大上行和下行百分比，一般指波动率

（4）其他指标

持仓时间占比：持仓时间/总时间

我们重点讨论夏普率。在投资领域有个共识，即投资标的的预期回报越高，投资人所能忍受的回撤就越多；反之，预期回报越低，能忍受的回撤也越少。因此，一个完全理性的投资人选择投资标的与投资组合的主要目的就是在风险相对固定的情况下，追求最大的报酬；或在预期报酬相对固定的情况下，追求最低的风险。那么，是否有一种指标可以将风险与获利回报综合起来呢？风险调整回报就是一个可以同时考虑收益与风险的综合指标。

风险调整回报一般用于评估策略的有效性及各种环境中的持续性，我们不但要看获利情况，也要关注风险情况；针对风险调整回报的指标称为 Sharpe Ratio，中文一般译为夏普率、夏普比率或夏普指数。

夏普率虽然可以反映风险和收益情况，但不可避免地也有其缺陷，分述如下。

理论缺陷一：它依赖于"风险等于波动性"和"波动性是坏事"的假设。"波动性是坏事"是过于简化的概念；越是减少波动性，就越不可能获得更高的回报。

理论缺陷二：夏普率面临的更大问题是，它对待所有波动的处理方式都是一样的。比如一旦波动率升高，夏普率同样会惩罚具有上升波动性（即高正回报）的投资策略，这样的惩罚是我们不愿意看到的。

回测交易策略的规则

前面介绍了回测的具体指标，那么在使用这些指标的同时应该遵循或注意哪些规则呢？根据回测的指标和定义，下面列举了回测的 11 条基本规则。

（1）考虑策略的时间范围：比如如果我们只测试了从 1999 年到 2000 年的数据，那么该策略有可能在熊市里表现不佳；如果只在 2015 全年进行回测，那么可能得出该策略非常糟糕的结论。因此，在制定回测时间范围时，最好包含上涨和下跌周期，这样便于整体测试，且能兼顾各种市场情况。

（2）按照交易策略的偏向性选择股票范围：如果是针对大盘的策略，那么回测系统应选择市值在 500 亿元以上的股票；如果是针对科技股的策略，那么就从科技板块里选定股票池。

（3）波动性是需要重点考虑的指标：如果对资金稳健性要求很高（比如资金是募集而来的），就不要选择波动率非常高的策略，因为我们对利润的追求是无限的，这是人性决定的。交易者需要重点考虑的是交易标的的风险有多大，即使这些钱全是自有资金（比如你做期货并且加了杠杆），如果账户里的钱低于某个点，要么继续追加资金，要么被强行平仓。强行平仓则意味着资金瞬间变成零。这些事情经历多了就会懂得要先学会控制风险，笔者就曾经在数字货币市场连续爆仓 3 次，这是非常惨痛的教训。

（4）需要计算交易成本：真实的市场都有交易手续费，比如沪深交易所是千分之五，有些市场是百分之一，每次交易的成本都必须加入买入成本中，在卖出时刻计算收益时应减去这部分成本。即使在没有交易手续费的市场中，也应该考虑交易成本。有些交易成本往往是滑点造成的。滑点是指回测模拟的点位是在任何点位都可以无限制地买入，而实际买入时不可能完全按照同一个点位买入，常常会比回测的价格高一点成交，低一点卖出。滑点的存在也是交易成本，需要谨慎考虑。

（5）统计平均收益和损失，并结合盈亏比是一个比较合适的指标。

（6）年化回报：即投资期限为一年的收益率。重要的是不仅要查看整体年化回报，还要考虑风险的增加或减少，这可以通过查看、权衡风险调整后的回报来完成。

（7）回测有时会过度优化：比如我们回测从 2000 年到 2010 年之间的情况，为了利润率，不停优化策略，使得回测结果相当好。假设 10 年取得平均年化 40% 的盈利（这是一个非常高的盈利水平，一般很难做到），在这种情况下，我们要谨慎考虑未来的情况，即这个策略在未来是否真的准确？

（8）要全面了解回测的特性，回测只是回测，并不能完全替代实盘，也不是衡量交易策略有效性最准确的方法。事实上，除了实盘，没有最准确的衡量方法。有时，过去表现良好的策略现在也不能很好地发挥作用，过去的表现并不能完全预示未来的结果。所以要确保在上线之前对已成功回测的系统或策略进行真正的实盘交易或实盘模拟交易，以确保该策略继续有效。

（9）要考虑资金对真实交易的影响。在回测系统中，我们可以测试100万元资金（100万元的资金量不是很大，也能充分验证你的股票交易系统），也可以测试1000万元，也可以测试10亿元、100亿元；回测系统一般不会考虑大资金的影响，但真实交易市场上要注意资金进出对该只股票的影响。比如沪深股市中某些小市值的股票只有10个亿的市值，你第一周投进去1000万元，第二周再投进去5000万元，也许实际中的股价就已经被拉得很高（回测系统无法反映此变化）了，而且基本上你都快成为该股的庄家或者第二庄家了——这是风险极高的事情（成为小市值的股票庄家风险很高，当然利润也很高）。所以，对于这个策略的交易容量要有清晰的认识，当容量超限后要针对大资金另外设计一套回测模式。此外，也要针对入场资金设计清晰的控制步骤，毕竟我们是来赚钱的，不是来成为某股票的庄家或股东的。

（10）不要使用未来信息或未来函数。比如用当日的最高价格决定当日的买入信号，甚至用第二天的价格来决定当日的卖出信号。一般当回测曲线太离谱时要小心谨慎地检查。笔者一直很小心地处理未来的信号，但有一次评估结果太好，以至于虽然笔者知道回测系统有问题，但无法检测出具体问题。纠结了1个半月，最后查出问题是由scaler（缩放器）造成的，因为笔者同时对整个训练和测试数据使用了minmax scaler（最小最大值缩放器），这导致模型很容易"猜测"未来的结果，因此相当于使用了未来的数据，只是相对隐晦难以检查。所以再强调一遍，如果回测结果太好，请一定仔细检查，有时甚至需要重写代码。

（11）什么时候不需要回测？比如别人给你看回测结果，你稍做推论便知道该结果有问题或者不可持续，这时就不用浪费时间回测了，下面举几个例子来说明。

例1：使用策略A回测结果年收益率50%，夏普率0.34，最大回撤持续时间1年。

夏普率很低，最大回撤持续时间也很长，可以推出，50%的超高年收益率很有可能是碰巧，不用浪费时间重新回测了。

例2：2021年4月后对纽约石油期货应用买入卖出的趋势阶段策略，回测结果到目前为止涨了 200% 以上！

但是，如果我们从 4 月一直持有该原油期货的看涨合约，目前已经上涨了 400%！该策略还没有一直持有获得的利润高，那么显然没必要使用它。

简单回测一个交易策略

我们可以自己实现回测系统和回测框架。初学者如果不方便操作，也可以在 GitHub 上搜索回测框架，如 backtesting.py[3]。

我们使用该框架来定义一个最简单的交易策略并回测它，该交易策略是：大于 20 日平均线即买入，小于 10 日平均线即卖出。我们设定交易成本为千分之二，即设定 commission=.002，然后用该交易策略实现回测模拟结果，并绘图，代码如下。

```
from backtesting import Backtest, Strategy
from backtesting.lib import crossover
from backtesting.test import SMA, GOOG

class SmaCross(Strategy):
    def init(self):
        price = self.data.Close
        self.ma1 = self.I(SMA, price, 10)
        self.ma2 = self.I(SMA, price, 20)

    def next(self):
        if crossover(self.ma1, self.ma2):
            self.buy()
        elif crossover(self.ma2, self.ma1):
            self.sell()

bt = Backtest(GOOG, SmaCross, commission=.002,
              exclusive_orders=True)
stats = bt.run()
bt.plot()
```

计算得到回报值如下。

```
Return [%]                         589.35
Buy & Hold Return [%]              703.46
```

可以看出，该股票 8 年间利用该策略赚取了将近 600% 的利润，细心点儿就会发现即使持股不卖也能获取约 700% 的利润（如图 1-13 所示），这说明该股本身就很有潜力。由于我们的策略并没有超过一直持有不卖的策略，所以是否使用该策略还需要再实验、再观察。

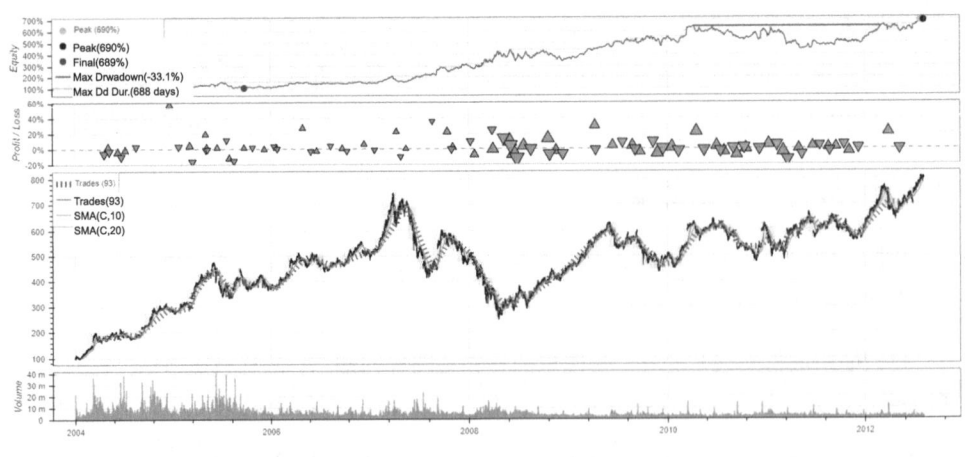

图 1-13　回测一个简单策略

第 5 节　数据获取

在建立自己的回测交易系统时，我们会发现回测系统或模拟交易需要历史数据，那么从哪里获取免费公开的历史数据呢？下面一一说明。

数据种类

如果仅用股票数据或者期货数据，那么目前从国内的市场上就能拿到很多类型的数据（参见图 1-14）。我们可以直接查看上海证券交易所的网站（链接 1-1）。

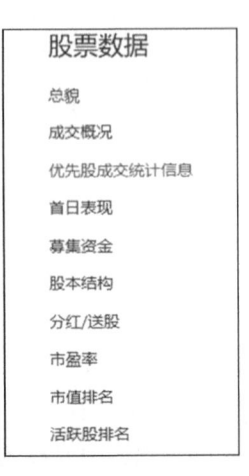

图 1-14　证券交易所网站左侧数据种类

从网站左侧的股票数据导航中能发现这些数据包括：募集资金、股本结构、分红/送股、市盈率、市值排名等股票基本信息。

对于高频交易数据而言，可以从 Wind 或其他专业软件获取以 Tick 数据为代表的高频交易数据。数据格式如下。

```
datetime,price,vol,buyorsell
2020-01-02 09:25:00,7.2,171,2
2020-01-02 09:30:00,7.2,1528,0
2020-01-02 09:30:00,7.2,70,1
2020-01-02 09:30:00,7.21,2,0
2020-01-02 09:30:00,7.2,7,1
2020-01-02 09:30:00,7.23,1000,0
2020-01-02 09:30:00,7.21,2,1
```

还可以从股吧收集针对个股的新闻或评论，如下。

```
pl,time
中色股份"双百企业"综改试点：新华社：央企调结构步入"快车道"五路并进,09-08 22:22
【底部三角形选股法之 8——富临运业 002357】,09-08 14:54
银行板块：中报业绩盈利能力最强的板块,09-10 15:46
中信银行以"财富管理"为战略支点，实现零售的"撑杆跳",09-10 15:41
正常狙击！,09-10 15:41
根据钢铁期货暴涨正常狙击！,09-10 15:38
北上资金及险资都在重仓买入银行股！,09-10 15:33
"芯恩晶园"注入澳柯玛会是 100 元/股吗？注入是采用 TCL 模式或深康佳模式,09-10 15:29
```

此外，还可以从各类财经网站获取股票所属的行业分类，如下面所获取的浦发银行的所属行业信息。

```
2018-11-26  sh.600000  浦发银行 银行 申万一级行业
```

免费数据获取包

目前，我们可以使用的免费交易数据获取包（Python）有如下几种（引用自相关网站介绍）：

（1）AKShare 是基于 Python 的财经数据接口库，目的是实现对股票、期货、期权、基金、外汇、债券、指数、加密货币等金融产品的基本面数据、实时和历史行情数据、衍生数据，从数据采集、数据清洗到数据落地的一套工具，主要用于学术研究目的。

（2）BaoStock：一个免费、开源的证券数据平台（无须注册），提供大量准确、完整的证券历史行情数据、上市公司财务数据等。

（3）Tushare，某些数据的获取需要先积累积分。

由于 AKShare 中的数据种类较多，下面以此为例，看看如何用代码获取交易数据，例如上面提到的上海证券交易所的一些基本数据。

```
import akshare as ak
stock_sse_summary_df = ak.stock_sse_summary()
print(stock_sse_summary_df)
```

数据示例如下。

```
     项目         股票        科创板         主板
0   流通股本    40403.47     413.63   39989.84
1   总市值    516714.68    55719.6  460995.09
2   平均市盈率      17.92      71.0      16.51
3   上市公司      2036        377       1659
4   上市股票      2078        377       1701
5   流通市值   432772.13   22274.3  410497.83
6   报告时间    20211230   20211230   20211230
7   总股本     46234.03    1211.5   45022.54
```

获取实时行情数据如下。

```
import akshare as ak

stock_zh_a_spot_em_df = ak.stock_zh_a_spot_em()
print(stock_zh_a_spot_em_df)
```

数据示例如下。

```
        序号  代码    名称   最新价   涨跌幅  ...    昨收     量比   换手率  市盈率-动态  市净率
0        1  833454  N同心   23.45  493.67  ...   3.95  166.55  78.70  85.56  8.85
1        2  870436  N大地   31.40  261.75  ...   8.68 3484.29  75.32  45.36  6.50
2        3  832171  N志晟   23.05  238.97  ...   6.80 15156.79 57.47 387.40  4.45
3        4  871981  N晶赛   56.53  208.57  ...  18.32 17572.66 71.89  54.02  7.08
4        5  832145  N恒合   19.88  148.50  ...   8.00 1082.67  71.27 104.76  5.25
...    ...     ...   ...     ...     ...  ...    ...     ...    ...    ...   ...
4786  4787  831768  拾比佰   15.41  -13.43 ...  17.80   2.52    7.15  23.23  2.48
4787  4788  835508  股图网联 13.30  -14.47 ...  15.55   2.45    9.48 -299.15  3.15
4788  4789  300688  创业黑马 41.91  -14.83 ...  49.21   0.87   27.53 439.14   7.77
4789  4790  300472  新元科技 19.06  -15.10 ...  22.45   1.53   21.47  72.83  4.21
4790  4791  430090  同辉信息  8.15  -15.98 ...   9.70   2.13   19.50 395.02  3.98
```

获取股票基本面信息如下。

```
import akshare as ak

stock_yjbb_em_df = ak.stock_yjbb_em(date="20200331")
print(stock_yjbb_em_df)
```

数据示例如下。

	序号	股票代码	股票简称	...	销售毛利率	所处行业	最新公告日期
0	1	300542	新晨科技	...	21.568720	软件服务	2021-03-31 00:00:00
1	2	600985	淮北矿业	...	19.549841	煤炭采选	2021-03-27 00:00:00
2	3	600711	盛屯矿业	...	1.739076	有色金属	2021-03-25 00:00:00
3	4	002450	*ST 康得	...	17.174460	材料行业	2021-03-19 00:00:00
4	5	600418	江淮汽车	...	6.241989	汽车行业	2021-03-17 00:00:00
...	...	...	...	...	...	...	...
4255	4256	603186	华正新材	...	20.514610	金属制品	2020-04-09 00:00:00
4256	4257	002838	道恩股份	...	22.575224	塑胶制品	2020-04-09 00:00:00
4257	4258	600396	金山股份	...	21.422393	电力行业	2020-04-08 00:00:00
4258	4259	002913	奥士康	...	22.470020	电子元件	2020-04-08 00:00:00
4259	4260	002007	华兰生物	...	61.457416	医药制造	2020-04-08 00:00:00

通过 Python 包获取数据非常方便，这使我们能更快地使用数据来回测。需要注意的是：免费数据获取包即使有数据校验，还是无法避免一些小问题。数据出现问题后，提供数据的人不承担任何责任，所以免费获取的数据一定要做好交叉验证，每日检查，如果检查到某来源有问题，可以自动切换为其他来源。此外，在多来源数据的情况下，一定要检查数据的一致性，比如复权默认是前复权还是后复权？由于原始数据来源不同所产生的数据差异必然导致模型的输出差异。

第 6 节　建立交易模型

前面章节介绍了策略、回测和数据获取等几个部分，其实已经交代了交易模型的几个要素，本节尝试将这些要素"组装"，并应用于实际交易中。

交易模型的要素

首先，假定自己是一名策略交易员，那么会如何开展工作呢？

第一步，先收集投资标的数据；

第二步，根据投资标的数据研究出一套策略；

第三步，根据这套策略实际交易，大功告成！

一个简单的交易模型如图 1-15 所示。

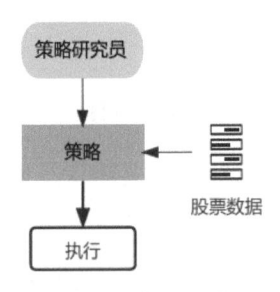

图 1-15　简单的交易模型

人们根据数据或信息制定策略并执行的过程，就可以称为一个基础的交易模型，交易模型是一个指导框架。

看到这里，读者心里估计都会浮现出如图 1-16 所示的经典场景。

图 1-16　怎样画"马"（来自互联网）

所谓的交易模型就是从"画马"的第④步跳到第⑤步。但细节怎么添加呢？不急，我们接着往下看。

交易模型更新

有了一个基础模型后,还记得前面提到的回测关键步骤吗?先重温回测的关键步骤,补充回测的交易模型如图 1-17 所示。

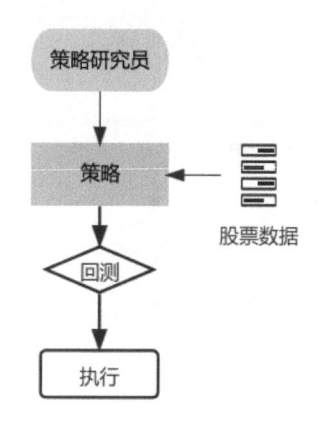

图 1-17 补充回测的交易模型

现在,整个流程的步骤如下。

(1)收集投资标的数据;

(2)根据投资标的数据和信息,研究出一套策略;

(3)根据这套策略在历史数据上进行验证:回测;

(4)执行策略。

当然,还可以稍微补充完整一点,我们加一个判断,如果回测不通过则继续优化策略,如图 1-18 所示。

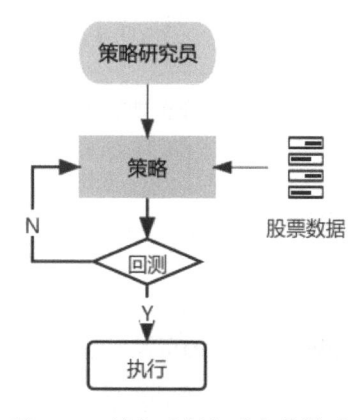

图 1-18 增加了判断的交易模型

如果策略通过我们的验证（回测），就开始执行策略；如果没有通过，就继续寻找最佳策略。这种验证不仅要在执行策略前，而且要在执行策略后继续对结果进行监控和验证，目的还是进一步调整、改进策略，我们在图上加一条调整指示的虚线，如图1-19所示。

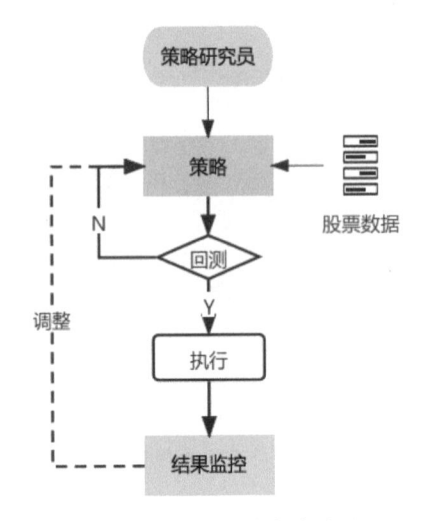

图1-19　调整改进交易模型

加了虚线后，策略仍然不是很完善，需要继续完善推导策略。接下来，我们将开发策略的过程再稍微扩展下，形成一个基于观察、实验、策略、验证的策略开发流程，如图1-20所示。

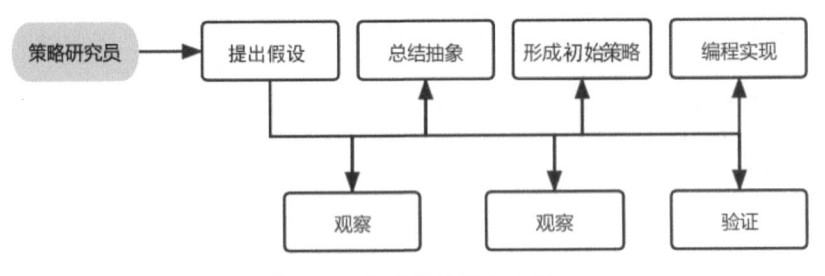

图1-20　完善推导策略流程

步骤如下。

（1）提出假设（想法）；

（2）总结抽象；

（3）形成初始策略（该策略具备一定的可操作性）；

（4）编程实现；

（5）回测；

（6）执行。

整个过程类似科学研究的过程，从想法到形成策略的每一步都进行了观察验证，回测思想贯穿始终。

下面举个例子来阐述交易模型的构建步骤。

第一步，提出假设→模型抽象。

在这一步中，交易者研究历史股价走势，然后预测未来走势或者建立交易想法。这个想法可能是大量数据分析的结果，也可能是基于观察偶然得到的灵感。

这里，我们假设有了一个新灵感：趋势反转。最初的想法是如果一只股票的价格与前一天的收盘价相比下跌了 X%，则预计该趋势将在未来几天内反转。

然后，我们通过"观察"过去的数据验证想法：这个想法是真实成立的吗？这个概念是仅适用于少数高波动性的股票，还是适用于所有股票？预期趋势反转的持续时间是多久（一天、一周或一个月）？目标利润水平是多少？

开始的一个想法通常包含很多不确定性，需要一些数据才能抽象出更完整的模型。例如该股票的价格波动多少才能反转、具体的值是多少。我们可以依据本例中该股票的历史波动情况将波动率定为 2%~3%。换句话说，就是股价下跌 3%就可以买入，因为我们预测该股票在接下来的 15 天将发生趋势反转，并有可能获得 4%的回报。

第二步，人工验证。

在这一步中，将根据历史数据验证想法是否成立，也就是股价是否能反转，进而获得超额回报。在第一步中，我们的想法是买入价格下跌 3%的股票。用上面提到的免费数据包下载常用股票的历史数据，筛选一些波动率高的股票，很快找到了 600278 这只股票，用 Excel 导入数据后，计算当日与前一日收盘价的百分比变化，过滤出符合条件的结果，并观察随后几天的波动，如表 1-2 所示。

表 1-2　股价波动情况

code	date	close	change	volume	amount	turn
sh.600278	2019/1/25	8.47018	0.027187	1E+07	89245634	1.97819
sh.600278	2019/1/28	8.31423	-0.01841	6261861	53457992	1.19904
sh.600278	2019/1/29	8.15827	-0.01876	4643236	39270984	0.8891
sh.600278	2019/1/30	7.93409	-0.02748	3085141	25465718	0.59075
sh.600278	2019/1/31	7.52471	-0.0516	5277800	42054590	1.01061
sh.600278	2019/2/1	7.81713	0.03886	2735500	21664079	0.5238
sh.600278	2019/2/11	8.02181	0.026185	2348001	19140352	0.4496
sh.600278	2019/2/12	8.18751	0.020656	4168250	34939962	0.79815
sh.600278	2019/2/13	8.25574	0.008333	4699273	39709736	0.89983
sh.600278	2019/2/14	8.29473	0.004723	5125171	43747025	0.98138
sh.600278	2019/2/15	8.25574	-0.0047	3460901	29325993	0.6627
sh.600278	2019/2/18	8.47992	0.027155	5998073	51713964	1.14852
sh.600278	2019/2/19	8.47992	0	7301781	63389001	1.39816
sh.600278	2019/2/20	8.62613	0.017241	7856305	68932061	1.50434
sh.600278	2019/2/21	8.67487	0.00565	1.1E+07	95240210	2.04513
sh.600278	2019/2/22	9.04525	0.042697	1.2E+07	107306313	2.24576
sh.600278	2019/2/25	9.58134	0.059267	1.9E+07	178416294	3.56275

在该示例中，股票的收盘价在两天内（从 1 月 28 日到 1 月 30 日）下跌至 3% 以下（实际下跌超过 4%），2 月 1 日止跌。2 月 1 日当天，价格就上涨了 3%。到 2 月 25 日（不到 15 个交易日）上涨了 27%，这一变化远高于预期值 4%，达到了预期值的 7 倍左右！

大家看到这个结果是什么感觉？这只股票是笔者随便挑的，日期范围也是随机选的，如果你们得到这样的结果，第一反应不应该是欣喜高兴，不能想自己赚到钱了，第一反应应该是感觉紧张，再思考是不是自己哪里做错了，如果都没有错，就看看这只股票或这个时间段是不是一个特例。因为这个结果实在是太好了，对于任何太好的回测结果，都应该高度警惕！

当然，无论结果好坏，我们都应该思考一下结果是否可靠、是否可复现，能否在其他股票上验证。

为了验证拍脑袋的股票交易想法，可以再多找几只股票，以每日价格对抽样的 50 只、且在近 5 年内有数据的股票进行测验，观察哪些股票在规定的持续时间内出现积极的趋势逆转。如果大多数正面的数量比负面数量多，就可以继续研究这个想法。如果结果不是这样，就需要调整想法并重新测试，或完全放弃，回到第一步，研究新的想法。

第三步，开发交易模型。

在这个阶段，我们主要对交易模型进行微调，根据第二步人工评估结果进行调整。比如，考虑在特定的工作日，策略结果是否会有所改善，股价在周五下跌 3% 是否会导致下周累计上涨 5% 或更多。如果选择风险系数（贝塔值）高于 2 的高波动性股票（贝塔值大于 1 代表股价波动大于指数波动），结果是否会有所改善？

在这个阶段。我们可以用编程或统计分析方法测试想法、验证结果。总体来说，都是为了覆盖多种情况、改善结果，从而提高盈利能力。虽然需要微调模型，但更要注意时间精力的分配。无休止地分析大量数据，有可能并不能大幅提升最终交易结果，需要合理分配时间。

第四步，考虑上线操作。

第一步我们走得比较顺利，模型运行结果还不错，数据统计也显示了多数的交易可以获得正利润（例如，70%的盈利为 10 元，30%的亏损为 5 元）。以此类推：每 10 笔交易，可以赚取 55 元（7×10-3×5）的利润。

在实际操作中还需要考虑以下几点：

- 是否为每笔交易成本保留足够的利润空间？每笔交易成本多少？
- 如果需要进行 20 笔（每笔 5000 元）交易才能实现利润，但目前只有 40000 元，交易模型是否考虑了我们手头实际能用于投资的金额？
- 观察历史数据，确定多久可以交易一次？观察模型结果是否交易过于频繁而超出总资金，或者交易太少导致利润很低？
- 未来的波动是否超过历史统计？
- 交易市场是否允许对冲？我们的模型是否支持反向卖空操作？

第五步，上线或放弃。

综合以上测试、分析和调整的结果，再通过使用实盘来验证交易模型，如果发现实盘比较差，则放弃该模型并从第一步重新开始。在开始实盘操作时，重要的是要持续跟踪、分析和评估结果。实盘交易也需要不断关注和改进策略。即使你的交易模式多年来一直在赚钱，市场环境也可能随时发生变化，要为失败和损失做好准备。

第六步，风险管理。

以上所举的例子中并没有相关的风险管理，最简单、直观的风险管理就是设置止损计划。假设我们购买了价格下跌 3%的股票：

- 如果在实盘中，下个月没有出现趋势反转怎么办？
- 应该承受有限的损失抛售股票还是继续持有？
- 如果发生分红或拆股等公司行为，应该怎么做？
- 如果遇到公司重大消息面的风险应该怎么做？

以上只列举了可能发生的风险，在实盘操作里需要不停地完善风险的条件与规则。

第7节　交易的特征工程

在建立交易模型一节中，我们学习了从概念到交易模型的建立流程。在回测中我们会发现，有些股票利用模型可以赚到钱，有些股票则无法赚到钱。这是很正常的情况。因为交易模型也许只有一两个规则，不可能对所有的股票都适用。我们的第一个想法就是删除可能不合适的股票，但随着回测的历史数据增多，就会发现哪怕同一只股票也会遇到规则失效的时候，也就是突然在某个时段交易后开始亏钱了。意识到这是个关键问题后，我们需要开始研究第二个问题：从逻辑上，剔除失败的规则，发现新的有效规则，再回溯以上寻找规则的过程。不管是新规则还是旧规则，我们都称为指标、特征。

当我们发现单一特征（规则）不能说明复杂的资本市场时，肯定会想是否能用多个有效特征来决定一个交易模型，以及如何验证这个模型。

在引入这个概念之前，首先想想我们的投资标的。比如要在大宗商品市场投资，原油期货和上铝的走势肯定不一样，对于这两个标的，我们自然会选取不一样的特征构建交易系统。而对于股票市场，例如中国上证、深证加起来的 4000 多只股票，仅用一套特征来构建股票市场的交易系统显然是不合理的，这就要对整体股票做分群分析和特征分析。

股票基本面和技术面的差异分群

股票分群方法有很多种，比如常见的按权重股/非权重股划分、按省市划分、按行业板块划分、按资本 5 日进入百分比划分。但这些分法都有一个问题，即无法很好地衡量股票平时的情况。

我们在这里给出一个分群思路：确定股票技术分析的价值以及市场分析的价值。换言之，股价是按自己的走势运行还是按市场走势运行？这样分析的前提是，即使是运营情况最好的公司，也可能因看跌市场而遭受亏损。所以，市场和股价的走势是否一致是我们要考察的重点，这种做法可以直观地反映出是市场的消息面或基本面更重要，还是股票的技术面更重要。

按照这个分群思路可以将股票分成两个基本群（受市场影响的、不受市场影响的，怎么划分取决于各人对结果的思考，拆分方法本身并没有定式）。这种分群思路（注意，这里说的是思路，不要拘泥于方法）简单直观，被用在各种投资标的的市场中。

那么应该如何量化技术面和基本面之间的这种相互关系呢？从根本上说，我们知道当股价因市场看涨或看跌而移动时，它们往往会朝着同一方向移动。这意味着，如果一篮子股票的股价都在朝着同一个方向移动，那么这种走势更可能与市场有关，而不是与个股的投资潜力有关。因此，我们要寻找一种方法来量化该篮子中股价走势的相似性/差异性，此处使用方差来确定这些股价变动的相似程度。方差、标准差是衡量偏离程度或者离散程度的统计量，我们比较个体股价方差和全局股价平均方差的差值，这样就能衡量出这只股票的价格走势是否和大盘的走势有差异（走势可以理解为一种散点趋势或者能量趋势，并不是说在K线图上完全一致，其原因在于很难找到与K线完全相同的两只股票）。

第一步是选择一篮子股票，我们将从沪深500指数中选择50只股票。

第二步是计算这50只股票价格的平均方差，放入Average列。

第三步是计算这50只股票价格中每一只过去30日的平均方差，放入对应日期的Average Variance Over Last 30 Days列，如表1-3所示。

表1-3 平均方差

Date	Average Variance Over Last 30 Days	Average
2006-12-15 00:00:00	0.000140673	0.000213
2006-12-18 00:00:00	0.000141464	
2006-12-19 00:00:00	0.000144034	
2006-12-20 00:00:00	0.000145738	
2006-12-21 00:00:00	0.000143957	
2006-12-22 00:00:00	0.000137721	
2006-12-26 00:00:00	0.000129261	
2006-12-27 00:00:00	0.000126499	
2006-12-28 00:00:00	0.000122702	
2006-12-29 00:00:00	0.000118634	

以其中一只股票为例，数据表明这两周该股票价格走势的方差低于总体方差，表明股价向同一方向移动的幅度小于总体幅度，那么该股票就被分到不受市场影响的类别中。平均方差表征了市场看涨/看跌条件的强度，该强度告诉投资者（或算法人员）：是优先考虑市场数据还是股票的技术数据。

这种观察差值的思想其实贯穿实际指标或特征选择的始终。例如，我们一般使用股票每日基础价格，除了基本的价格指标（K线指标）、high（最高价）、low（最低价）、open（开盘价）、close（收盘价），还可以看它们两两的差值，例如最高价减去最低价、收盘价减去开盘价等。下面来看看股票的一些通用指标或特征。

特征准备

对于一只股票而言，一般的数据特征包含三类：经济特征、技术特征、LOB 订单特征。各家的划分方式不一样，但基本都会遵循一个脉络或思路来准备这些特征。

（1）经济特征主要包含整个宏观经济环境的信息，有些团队将重大事件信息和新闻信息放进去，有些团队则单独列出事件和新闻。

（2）技术特征基本都是 K 线 5 个基本数据的演化，大多是已经被证明过的统计学特征。这些特征怎么用需要好好研究，有些特征会有反效果。

（3）LOB 订单特征，或者叫高频特征，这部分包含了用户最原始的信息，也是买卖双方的挂单和成交信息。

图 1-21 是一个指标分类示意图。

什么是特征工程？维基百科对此的解释如下：在将大数据吸收并整合到定量研究的过程中，特征工程是将原始数据转化为解释变量、特征的过程。该解释是一个通用型的解释，并不适合量化领域。

在量化领域，绝大部分模型都与时间序列模型相关，所以特征的准备也与时间相关。我们重新定义量化领域的特征工程，简而言之，即将原始数据分解为包含预期未来值的信息时间序列表示。

例如，假设我们获得了一个按周划分的时间序列数据，该数据代表 1992 年至今的美国零售贸易和食品服务的美元交易量。

从图 1-22 中可以观察到两种季节性趋势，还可以观察到随着时间推移的上升趋势。虽然原始数据本身看起来可以很好地预测未来价值，但最好创建一个时间序列数列，将原始数据转换为更具预测性的时间序列，同时考虑每年和每月的季节性变化。

指数加权移动平均（EWMA，参见图 1-23）是将原始时间序列转换为平均分数时间序列的过程，这里的加权是指离目标天数越近的值，权重越重。

Econometric features	Tech & Quant features	LOB features
Statistical Features Mid-Price Financial Duration Average Mid-Price Financial Duration Log-Returns **Volatility Measures** Realized Volatility Realized Kernel Realized Pre-Averaged Variance Realized Semi-Variance Realized Bipower Variation Realized Bipower Variation (lag 2) Realized Bipower Semi-Variance Jump Variation Spot Volatility Average Spot Volatility **Noise and Uncertainty Measures** Realized Quarticity Realized Quarticity Tripower Realized Quarticity Quadpower Noise Variance [42] Noise Variance [57] **Price Discovery Features** Weighted Mid-Price by Order Imbalance Volume Imbalance Bid-Ask Spread Normalized Bid-Ask Spread	**Technical Indicators** Accumulation Distribution Line Awesome Oscillator Accelerator Oscillator Average Directional Index Average Directional Movement Index Rating Displaced Moving Average Absolute Price Oscillator Aroon Indicator Aroon Oscillator Average True Range Bollinger Bands Ichimoku Clouds Chande Momentum Oscillator Chaikin Oscillator Chandelier Exit Center of Gravity Oscillator Donchian Channels Double Exponential Moving Average Detrended Price Oscillator Heikin-Ashi Highest High and Lowest Low Hull MA Internal Bar Strength Keltner Channels Moving Average Convergence/Divergence Oscillator Median Price Momentum Variable Moving Average Normalized Average True Range Percentage Price Oscillator Rate of Change Relative Strength Index Parabolic Stop and Reverse Standard Deviation Stochastic Relative Strength Index T3-Triple Exponential Moving Average Triple Exponential Moving Average Triangular Moving Average True Strength Index Ultimate Oscillator Weighted Close Williams %R Zero-Lag Exponential Moving Average Fractals Linear Regression Line Digital Filtering: Rational Transfer Function Digital Filtering: Savitzky-Golay Filter Digital Filtering: Zero-Phase Filter Remove Offset and Detrend Beta-like Calculation **Quantitative Indicators** Autocorrelation Partial Correlation Cointegration based on Engle-Granger test Order Book Imbalance Logistic Regression for Online Learning	**Basic** n LOB Levels **Time-Insensitive** Spread & Mid-Price Price Differences Price& Volume Means Accumulated Differences **Time-Sensitive** Price & Volume Derivation Average Intensity per Type Relative Intensity Comparison Limit Activity Acceleration

图 1-21 指标分类[4]

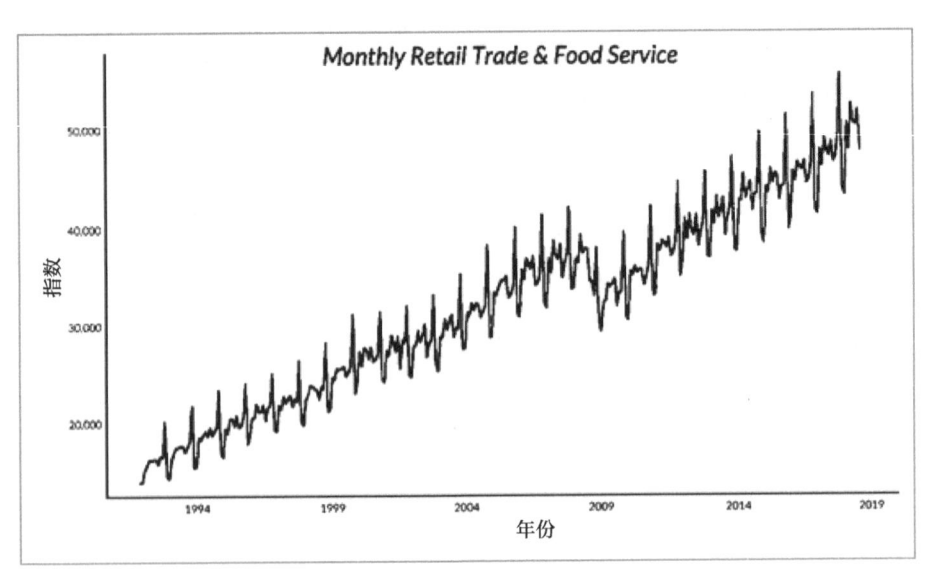

图 1-22　美国零售贸易与食品服务的美元交易量[5]

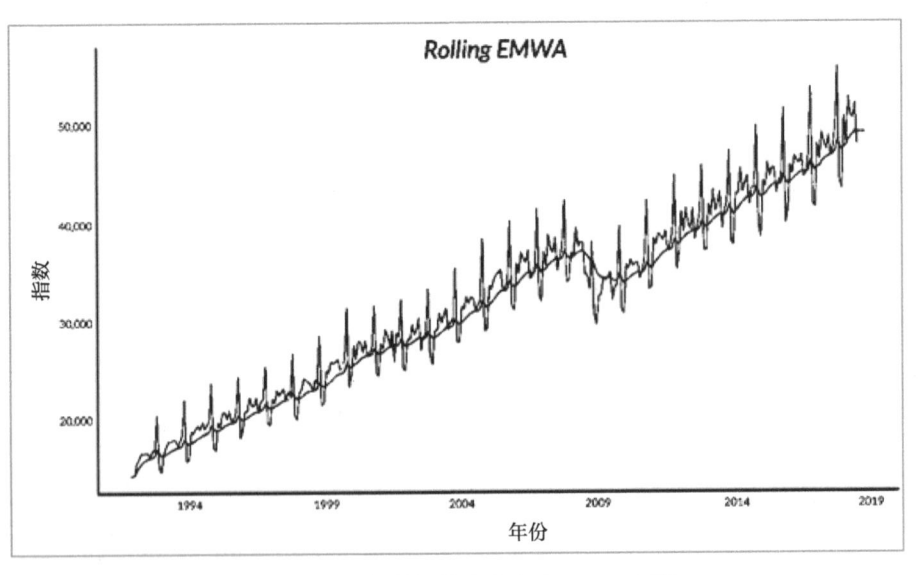

图 1-23　指数加权移动平均（EWMA）[5]

通过确定原始数据的预期特征值，机器学习模型可以更轻松地推断未来价格走势与关键绩效指标（如生产者价格指数 PPI）或资产价格（如 XRT、SPDR S&P Retail ETF）的相关性。简单地说，模型可以根据以下内容预测未来值。

（1）趋势：随着时间的推移观察时间序列趋势并预测预期行为；

（2）异常：观察时间序列中的新值与其预期行为的偏离程度。

例如，在上述 EWMA 趋势线中，如果下个月的值远低于预期的 EWMA 值，则推断下个月的 CPI 或 PPI 读数会比较差。

除了以上列举的方法，还有其他复杂的方法来将原始数据特征工程化，值得一提的是 Holt-Winters 方法，我们通过该方法计算三个不同的指数加权移动平均线之间的距离，以便在季节性高度相关的时间序列表示中预测下一个值，如图 1-24 所示。

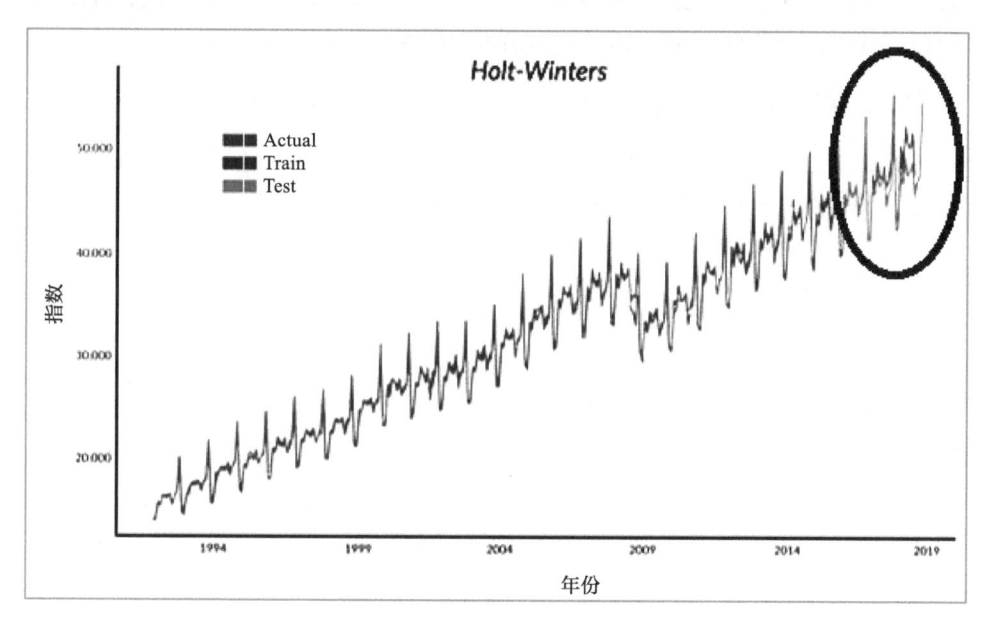

图 1-24 Holt-Winters 变换[5]

对原始数据应用 Holt-Winters 变换。查看预测与观察（最后画圈部分）时间序列。

除了上面列举的特征工程化方法，在整个特征准备过程中，也需要重视人的作用。例如，在上述时间序列规则化前，我们做了简单的数据分析；在数据分析后，也试着用这些数据实现了简单预测以验证特征的可靠性。此外，人的作用还在于，即使现在机器学习的一些代码能够发现各种数据源之间的相关性，重要的分析也需要依靠人来完成。例如从数据中发现模型无法发现的特征，对相关性输出进行人为重排序，利用人特有的想象力发散性地关联领域外交叉数据等。

即使目前利用机器学习能自动地组合特征甚至自动生成新的特征，但人的作用依然无法忽视，因为市场是在不停变化的，有时候人对于市场的变化比机器或模型要敏感得多。

特征选择

在获取大量特征集合后，就应该考虑合理地选择特征。特征选择要遵循以下两个原则。

第一，剔除特征中所有和预测目标无关的值。例如，预测的主要目标是中国股票市场，就别加入美国股指，当然，如果非要认为中美两个股票市场有一定关联也可以，但是加入一个巴西市场的股指作为输入特征就说不过去了。

第二，剔除高度相关的特征。例如，20日均值、15日均值，保留一个即可。

一言以蔽之，就是特征与特征相关性低，特征与目标的相关度高。按这个原则，我们制定了特征选择的四个步骤，如图1-25所示。

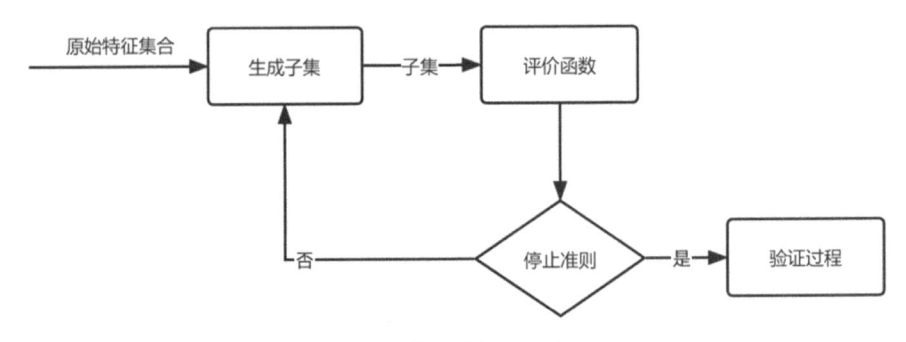

图 1-25 特征选择的四个步骤

第一步，生成子集： 搜索特征子集，为评价函数提供特征子集；

第二步，评价函数： 评价特征子集的好坏；

第三步，停止准则： 与评价函数相关，一般为一个阈值，当评价函数达到该阈值后停止搜索；

第四步，验证过程： 验证数据集上验证选出来的特征子集的有效性。

再简化流程，主要聚焦在两个步骤：先粗筛大量指标或特征（生成子集）；再用评价函数精细地挑选特征（此处不考虑自动生成特征的模型）。

我们从第一步开始：生成子集（积累特征）。

笔者刚开始用机器学习做量化分析投资时，也尝试过用多指标或多因子预测市场，当时参考了一些国内公募基金研报分析的一些指标，记得一共有152个指标，主要分为基础指标、财务指标、技术指标等大类。无论是直接引用的指标，还是根据经验添加的指标，都可以作为粗筛特征子集使用。

最好自己建立一个特征指标库，因为某些指标可能在某些模型中有效而在另一些模型中无效，这样一来，每次都要重新筛选大部分指标。那么，什么时候剔除无用指标呢？当它们在所用的大部分模型中都无法取得良好的效果时便可以将之剔除。

为了使用这些指标，需要先定义 FeatureExtractor 类，该类在初始化时获取基本股票价格信息，也就是 K 线图的 5 个技术指标，即开盘价、最高价、最低价、收盘价和成交量。这是我们获取的第一小类指标，相关代码如下。

```
class FeatureExtractor:
    def __init__(self, df):
        self.df = df.copy()
        self.open = df['open'].astype('float')
        self.close = df['close'].astype('float')
        self.high = df['high'].astype('float')
        self.low = df['low'].astype('float')
        self.volume = df['volume'].astype('float')
```

第二小类指标可以定义成基本价格信息的差值，分别是最高价减去收盘价、最高价减去开盘价、最高价减去最低价、收盘价减去最低价、开盘价减去最低价和收盘价减去开盘价，也就是 4 个技术指标的两两差值，通常用可能更高的数值减去低的数值，以便最小化两值相减的正负影响。

第三小类定义基本的算术移动平均指标，即平均线指标，如下。

- sma5：5 日算术简单移动平均量

- sma20：20 日算术简单移动平均量

- sma120：120 日算术简单移动平均量

- ema12：12 日指数移动平均量

- ema26：26 日指数移动平均量

此处选用的 5、20、120、12、26 都是已经被验证过的技术指标，并且在人工观察历史数据时被证明有效，如果有其他要求也可以通过修改时间范围参数以得到新的移动平均指标。

如何具体计算这些指标呢？读者可以不去细究内部计算过程，直接使用 Python 库来解决问题。这里引入 Ta-lib 库（或者其他的库也行），也称为 talib，全称为"Technical Analysis Library"，是针对金融量化的高级库，涵盖了 150 多种股票期货交易中常用的技术分析指标，如 MACD、RSI、KDJ、动量指标、布林带等。

导入 talib 库之后，可以直接调用相关函数，传入 close 值，相关代码如下。

```
self.df['sma5'] = talib.SMA(self.close,5)
self.df['sma20'] = talib.SMA(self.close,20)
self.df['sma120'] = talib.SMA(self.close,120)
self.df['ema12'] = talib.EMA(self.close,12)
self.df['ema26'] = talib.EMA(self.close,26)
```

第四小类，增加 adj 后的价格，所谓 adj 就是调整价格，一般来说调整价格指的是相对于 close 值的比值（这里不讨论一些 adj 的特殊情况），相关代码如下。

```
self.df['adj_open'] = self.df['open'] / self.close
self.df['adj_high'] = self.df['high'] / self.close
self.df['adj_low'] = self.df['low'] / self.close
self.df['adj_close'] = self.df['close'] / self.close
```

第五小类，增加基于基础指标的衍生指标，这类指标在人类的经济活动中历经了各种检验，也值得放入指标库进行筛选。

obv：能量潮指标，简称 OBV 指标，就是把"量"作为突破口来发现热门股票、分析股价运动趋势的一种技术指标。obv 衍生出来两个关联指标 obv_signal（obv 与 obv 均线的差值）和 obv_cheat（根据前 n 个 obv 指标计算梯度）。

布林线指标：dn、mavg、up 及衍生指标 pctB。从中长期来看，布林线是一种优秀的趋势指标。当布林线由收口转至开口时，表示股价结束盘整，即将产生剧烈波动，而股价的突破方向，标志着未来趋势的运动方向。

rsi：相对强弱指标是根据一定时期内上涨点数和下跌点数之和的比率制作出的一种技术曲线，能够反映市场在一定时期内的景气程度，这里选用 rsi14 指标作为特征。

macd：异同移动平均线，以及 macd 的信号指标 macd signal。

adx：平均趋向指数（ADX）是另一种常用的趋势衡量指标。

cci：顺势指标又名 CCI 指标，专门测量股价、外汇或者贵金属交易是否已超出常态分布范围。

plus_di：属于量价类指标，反映市场的运行趋势。

atr：真实波动幅度均值（ATR）指标显示资产价格在过去一段时间内的移动幅度。

trix：三重指数平滑平均线（TRIX）属于中长线指标，它过滤许多不必要的波动来反映股价的长期波动趋势，以及衍生的两个指标 trix_signal、trix_hist。

mfi14：资金流量指标（MFI，英文全名 Money Flow Index）是相对强弱指标和人气指标两者的结合。它可以用于测度交易量的动量和投资兴趣，帮助判断股票价格变化的趋势。大部分的指标在 talib 中都具备了，下面是第五小类指标的调用代码。

```python
    def add_ta_features(self):
        obv = talib.OBV(self.close, self.volume)
        obv_mv_avg = talib.MA(obv, timeperiod=10)
        obv_mv_avg[np.isnan(obv_mv_avg)] = obv[np.isnan(obv_mv_avg)]
        difference = obv - obv_mv_avg
        self.df['obv'] = obv
        self.df['obv_signal'] = difference
        self.df['obv_cheat'] = np.gradient(difference)

        upper, middle, lower = talib.BBANDS(self.close, timeperiod=20, nbdevup=2, nbdevdn=2, matype=0)

        self.df['dn'] = lower
        self.df['mavg'] = middle
        self.df['up'] = upper
        self.df['pctB'] = (self.close - self.df.dn) / (self.df.up - self.df.dn)
        rsi14 = talib.RSI(self.close, 14)
        self.df['rsi14'] = rsi14

        macd, macdsignal, macdhist = talib.MACD(self.close, 12, 26, 9)
        self.df['macd'] = macd
        self.df['signal'] = macdsignal

        ## addtional info
        self.df['adx'] = talib.ADX(self.high, self.low, self.close, timeperiod=14)
        self.df['cci'] = talib.CCI(self.high, self.low, self.close, timeperiod=14)

        ## maximum profit
        self.df['plus_di'] = talib.PLUS_DI(self.high, self.low, self.close, timeperiod=14)

        ## lower_bound
        self.df['lower_bound'] = self.df['open'] - self.df['low'] + 1

        ## ATR
```

```
        self.df['atr'] = talib.ATR(self.high, self.low, self.close,
timeperiod=14)

        ## STOCH momentum
        self.df = ta.stochastic_oscillator_k(self.df)
        self.df = ta.stochastic_oscillator_d(self.df, n=10)

        ## TRIX
        self.df['trix'] = talib.TRIX(self.close, timeperiod=5)
        self.df['trix_signal'] = ta.moving_average(self.df['trix'],
n=3)
        self.df['trix_hist'] = self.df['trix'] -
self.df['trix_signal']
        ## MFI
        self.df['mfi14'] = money_flow_index(self.df, 14)
```

结合分析师平时的操盘经验，最后加入三个指标：VWAP、NVI 和 PVI 指标。

维基百科对 VWAP 的解释如下。

> 成交量加权平均价格在金融业中是指特定时间范围内交易价值与交易总数量的比率。它是在交易期限内进行股票交易的平均价格的度量。它经常被那些希望在执行过程中尽可能被动的投资者用作交易基准。许多养老基金和一些共同基金都属于此类。使用 VWAP 交易目标的目的是确保执行订单的交易者与市场交易量保持一致。

在股票市场中，成交量的变化一般与价格无关，至少不是线性相关。如果要衡量交易价格和成交量之间的关系，则需要用 VWAP 来表达。

VWAP 的计算公式比较复杂，这里不再阐述，幸好 panda-ta 库中有可以直接调用的函数，只需传入参数 high、low、close、volume 和 window 即可，其中 window 参数指明计算交易的时间范围，调用代码如下。

```
    self.df['vwap'] =
VolumeWeightedAveragePrice(high=self.df['high'], low=self.df['low'],
close=self.df["close"], volume=self.df['volume'], window=5,
fillna=True).volume_weighted_average_price()
```

NVI 和 PVI 同样也是用于说明成交量和价格变化的。负成交量指数 NVI（Negative Volume Index）和正成交量指数 PVI（Positive Volume Index）是根据成交量的日间关系而累积股票价格得到的。这两个指标必须一起分析，才能对股票量价的变动有整体的理解。这两个指标基本上是用来体现"量价关系"的，从指标的变动方向与股价的变动方向来综合判断价格未来可能的变化方向。

（1）PVI 的计算公式如下。

假如今日成交量"大于"昨日成交量，则

$$今日 PVI = 昨日\ PVI + 今日股价涨跌幅$$

否则

$$今日 PVI = 昨日\ PVI + 0$$

（2）NVI 的计算公式如下。

假如今日成交量"小于"昨日成交量，则

$$今日 NVI = 昨日\ NVI + 今日股价涨跌幅$$

否则

$$今日 NVI = 昨日\ NVI + 0$$

代码如下所示，此处只需传入成交量和收盘价。

```
    self.df['nvi'] =
NegativeVolumeIndexIndicator(close=self.df["close"],
volume=self.df['volume'], fillna=True).negative_volume_index()
    self.df['pvi'] =
PostiveVolumeIndexIndicator(close=self.df["close"],
volume=self.df['volume'], fillna=True).postive_volume_index()
```

要提醒各位注意的是：网络上有些文章反映 talib 库计算的值与同花顺这些股票软件值有差异，特别是在计算时间范围比较大的时候，所以对于公开的 Python 库计算出的指标一定要复查！复查！复查！复查就是和现有的其他股票软件的数值进行核对（例如同花顺、Wind），查看两者是否保持一致。

有用的特征

本节我们讨论如何精细筛选出有用的特征集合。那么，如何用机器学习替我们筛选有用的特征？机器根据特征选择的形式，可分为以下三类。

（1）Filter（过滤法）：按照发散性或相关性对各个特征进行评分，根据设定阈值或者待选择特征的个数进行筛选。

（2）Wrapper（包装法）：根据目标函数（往往是预测效果评分），每次选择若干特征，或者排除若干特征。

（3）Embedded（嵌入法）：先使用某些机器学习的模型进行训练，得到各个特征的权值系数，根据系数从大到小选择特征（类似于 Filter，只不过系数是通过训练得来的）。

为方便各位使用代码，我们选用较为简单的一种方法——包装法，即利用简单的模型来看看整体的拟合程度。

由于需要创建一个简单的有监督模型来分析特征，我们直接使用第二天的 close 值除以当天的 close 值得到 close 值的比值，作为标签 y，将该模型训练完成后，就能得到特征的重要程度。

同时，选择最简单的模型——随机森林模型，作为训练目标函数的模型。这里我们直接将特征输入模型。这样做一方面是因为随机森林模型对于特征处理的要求没有那么严格，另一方面是为了读者能迅速掌握整个流程，减少不必要的步骤干扰。

训练代码如下。

```
valid_df = env.df                              #获取数据
#得到第二天收盘价和今天收盘价的比值，作为y
closes = np.roll(env.closingPrices, -1) / env.closingPrices
#因为最后一个数是我们位移过来的，所以去掉
X = valid_df[:-1]
y = pd.DataFrame(closes[:-1])                  #y值同样去掉最后一个数
model = RandomForestRegressor()                #这里选用的是随机森林模型
model.fit(X,y)                                 #开始训练

#直接使用model自带函数feature_importances
print(model.feature_importances_)
#得到数据
feat_importances = pd.Series(model.feature_importances_, index=X.columns)
#画直方图，选取最重要的10个指标
feat_importances.nlargest(10).plot(kind='barh')
plt.savefig(save_png_dir + code_p + '.png')    #存储直方图
```

以上证 600166 为例展现各个指标的重要性。作为例子此处只列出 10 个最重要的指标，如图 1-26 所示。

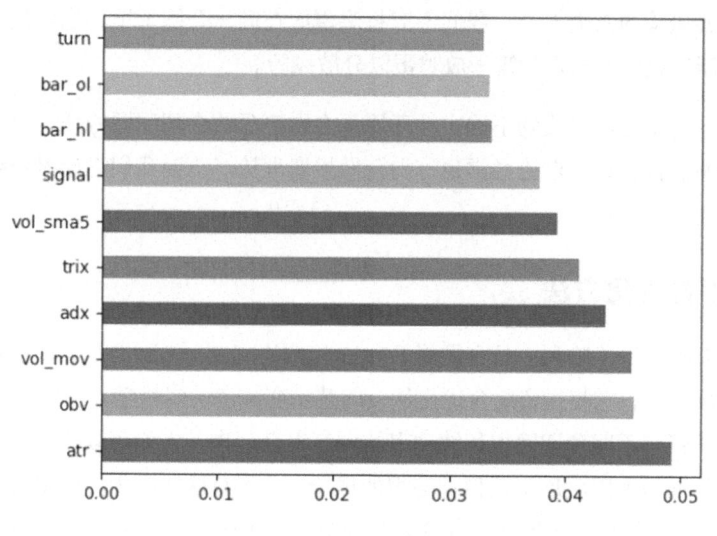

图 1-26　特征重要性排序

有了指标的权重，就可以将指标用于后续的机器学习或深度学习模型，甚至可以将指标用于人工制定的规则。指标权重的使用方式是多种多样的，最重要的是学到分析、筛选指标的方法，以后有再多的指标也都可以用这种方法筛选。

随着机器学习的不断发展，我们不停改进优化数据、特征工程、深度学习网络模型，期望它输出有意义的结果；而特征工程是想象力与技术的结合，是一个综合工程。目前来看，人工在其中介入的痕迹还很多，在将接力棒完全交给机器之前，这一切仍需人工参与、完善。

第 8 节　投资组合优化

上一节阐述了数据特征的准备和选择，这是对某一个或一类投资标的的特征选择。如果要对一系列不同的投资标的进行判断，像买哪些、买多少等，那么应该怎么操作呢？本节引出一个新的概念——现代投资组合理论（Modern Portfolio Theory，MPT）。该理论的原则就是投资者应该分散投资来实现最小化风险和最大化投资回报。那么如何分散投资？如何确定可能的投资标的之间的权重呢？

金融市场总是在变化，充满太多不确定因素，这与国家政策、外部环境、内部情绪等都有关系，虽然本身存在一定的规律但也必然有一定的偶然性。这些因素与市场的偶然性都会影响投资的收益。

基于规避风险的人类天性，我们不应将鸡蛋放在同一个篮子里，也就是不确定哪个篮子会漏，所以只好多找几个篮子放鸡蛋以分散风险。

投资组合优化方法是找到不确定性环境下金融产品的合理配置方法，以实现收益与风险间的均衡。投资组合理论通常也称为分散投资理论。下面我们讨论投资组合优化的具体方法。

投资组合优化方法

Harry Markowitz（哈利·马克维兹）1952年的论文 *Portfolio Selection* 是投资组合优化领域的经典文章，它将投资组合优化从一门艺术变成了一门科学，也最早提出了 MPT 概念：通过将具有不同预期回报和波动率的资产组合起来，人们可以决定一种数学上的最优分配，从而最大限度地降低目标回报的风险——所有这些最优投资组合的集合被称为有效边界。这也是现在全世界大部分公募基金、一部分私募基金都绕不开的理论基础。

马克维兹的论文虽然比较早，但已经给出了一个关键目标，就是找到**最优投资组合**。如何发展确定标准的最优投资组合呢？一是选择资产，二是配置资产。

针对选择资产我们要关注以下两个原则。

第一，选择的资产要尽量分散，降低各资产间的相关性。

分散就是尽可能选择多种投资标的。什么叫资产相关性？例如，我们配置了石油类的股票资产，又买了石油期货，还不满足又买了一堆石油 ETF；这些资产都属于石油行业，它们所有的涨跌周期，受经济影响的周期都会比较相近，那么就认为这些资产的相关性比较高。

如果我们选择了石油类期货，又选择风能设备或其他非化石能源相关的股票，还选择了房地产相关的 ETF，甚至直接收购商业地产，那么这些投资标的之间的相关性就较低。

第二，资产对冲。

对冲是组合投资中一个非常重要的概念，即要找出一类资产的反向投资标的，以尽量减小股价的波动。降低波动可以简单理解为降低风险。目前国内股票市场的对冲工具有股指期货，直接对大盘指数进行对冲，这是比较明确的对冲关系；也有一些不那么明显的对冲关系，如周期稳定股和依赖周期运行的股票对冲；行业关联关系的对冲，如资源类股票和下游资源加工类股票，也呈现一定的对冲关系；甚至一部分债券类资产和股票类资产也呈现一定的对冲关系。

配置资产就是在已有一个资金池的情况下，如何将资金池的资金分配给（买入）各类资产？这就是最优投资组合要探究的目标。半个多世纪后，人们虽然在寻找投资组合的有效边界上取得了很大进展，但基础仍是马克维兹的思想理论。我们下面看一个配置资产的例子。

假设投资组合 A 的预期回报率为 8.5%，标准差为 8%；假设投资组合 B 的预期回报率为 8.5%，标准差为 9.5%。投资组合 A 将被认为更有效，因为它具有与组合 B 相同的预期回报率但风险较低。

这里引入的一个评价标准：如何判断资产的未来预期收益与风险？显然，如果知道股票持有周期内的预期回报，那事情会容易得多，但这是很难预测的。作为替代，可以根据历史数据得出预期回报和协方差的估计值，估计值越接近真实值，投资组合就会越好。

图 1-27 展示了如何寻找最优投资组合，假设要在美股寻找机会，事先根据经验挑出了 Microsoft（MSFT）、eBay（EBAY）、Aflac（AFL）、PPG Industries（PPG）、Sysco（SYY）这 5 家公司。图中的横轴是年波动率，纵轴是年回报率。除了 MSFT、EBAY 这些公司股票所表明的点，我们还看见中间由深到浅的密密麻麻的小点，这些点可以理解为计算得到的投资组合，每一个点代表这些股票的一种投资组合。我们的目标是在波动率尽可能小的情况下得到尽可能大的回报。根据这个目标原则，从上到下曲线上的三个三角形，最上面的三角形位置就是整个投资组合的最大夏普率，中间的三角形就是最大权重夏普率，最下面的三角形是最小波动率。三个三角形连成的线就是最优投资组合的有效边界。

有效边界是现代投资组合理论的基石。这条线表示投资组合将以最低的风险提供最高水平的回报。当投资组合落在有效边界的右侧时，相对于其预期收益，它具有更大的风险。当它低于有效边界的斜率时，它提供了相对风险较低的回报水平。

以上简单分析了投资组合的基本思想和例子，接下来探讨计算投资组合的通常做法并用代码实现一个简单的投资组合。投资组合流程主要分为以下四个步骤。

- 计算预期回报
- 计算风险（即资产收益的协方差）
- 定义目标函数
- 计算优化结果

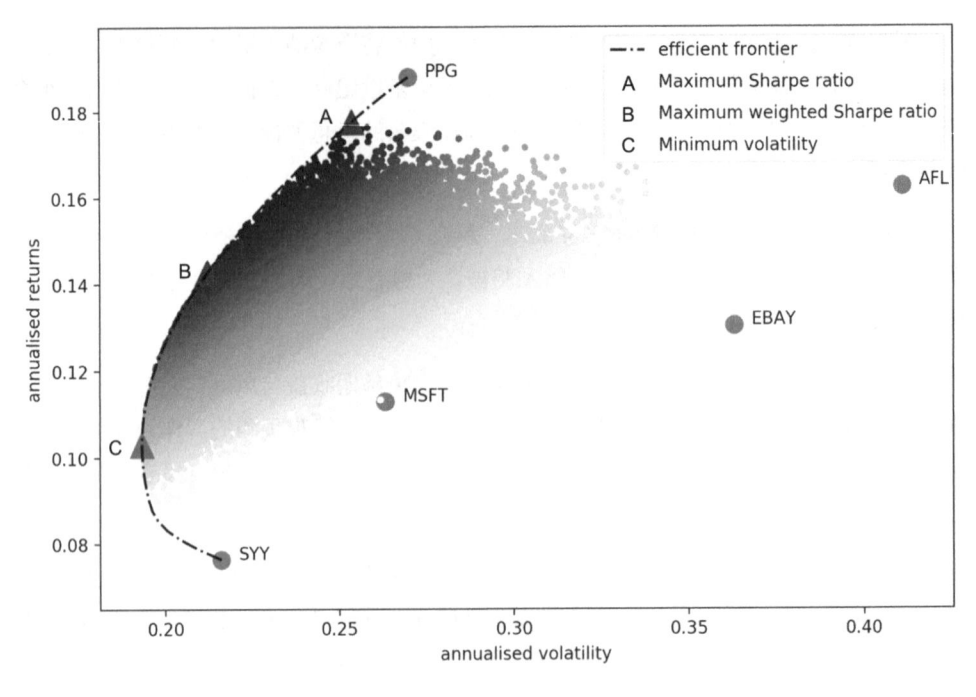

图 1-27　寻找最优投资组合

我们分述如下。

第一步，预期回报有多少种类，如何计算。

- 平均历史回报：这是最简单、最常见的方法，即每项资产的预期收益等于其历史收益的平均值。此方法易于解释且非常直观。

- 指数加权平均历史回报：类似于平均历史回报，不同之处是它成倍增加了近期价格的权重。在估计未来回报时，资产最近的回报可能比 10 年前的回报更重要。

- 资本资产定价模型：使用简单模型来预测基于市场贝塔的回报。

第二步，计算风险。

可以利用协方差来计算风险模型。协方差矩阵不仅能反映资产的波动性，还能反映与其他资产的相关性。这一点比较重要，因为为了获得多样化的好处（从而增加单位风险的回报），投资组合中的资产应尽可能不相关，如果有一个值来反映相关性，那么我们便能很快区分出哪些资产是不相关的、哪些资产是相关的。

除了协方差矩阵，还有计算风险的如下模型，很多时候都会组合使用，分述如下。

- 样本协方差矩阵：它是协方差矩阵的无偏估计，比较容易计算，也是多年来的事实标准。缺点是估计误差很高，这在均值方差优化中就很危险，因为优化器可能会给这些错误的估计赋予过多的权重。

- 半协方差：一种关注下行变化的风险度量。
- 指数协方差：对样本协方差的改进，赋予最近数据更多权重。
- 协方差收缩：涉及将样本协方差矩阵与结构化估计量相结合的技术，以减少错误权重的影响。
- Ledoit Wolf 收缩：用来计算最优的收缩系数 α，它使得估计协方差和实际协方差矩阵之间的均方误差最小化。

第三步，定义目标函数，广泛应用的目标函数如下。

- 最大夏普率：在收益与风险的图表上，该投资组合对应于有效边界的切线，从有效边界到 x 轴的线段距离为每单位风险的最佳回报。
- 最小波动率：在实践中，使用最大夏普率的投资组合比使用最小波动率的投资组合可能更有意义。
- 有效回报：又名 Markowitz 投资组合，是指将给定目标回报的风险降至最低。

为了节省篇幅，此处介绍实际应用中的主要目标函数。

第一，基于夏普率的投资优化组合。

第二，自定义一个风险评估的非凸优化器作为自定义目标函数。

第三，分层风险比对（Hierarchical Risk Parity，HRP）。有些文章将 Parity 翻译成平价（注意不是评价），至少开始时我不明白什么叫平价，后来查询了英文意思及论文才明白这是比对的意思。我们来看看 HRP 的具体计算流程。

（1）从一组资产中，根据资产的相关性形成一个距离矩阵；

（2）使用距离矩阵，通过层次聚类将资产聚类成一棵树；

（3）在树的每个分支内，形成最小方差投资组合（通常仅在两个资产之间）；

（4）迭代每个分支，优化每个节点的最小投资组合。

这样做的优点是它不需要像传统的均值方差优化那样对协方差矩阵求逆，并且可以产生（在样本外）表现良好的多样化投资组合。

计算投资组合实践

现在,我们来看一个示例,使用 PyPortfolioOpt 库来快速完成一个投资组合优化(链接 1-2)。

首先准备下载的数据并存储为 stock.csv,随机选取 10 只国内股票作为待分析的投资组合,代码如下所示。

```
stock_dir = '../stock_simple/data/stock_days_fq/'

raw_df = None
for stock in os.listdir(stock_dir)[:10]:
    df = pd.read_csv(stock_dir + stock)
    
    close = df['close'].values
    if raw_df is None:
        raw_df = pd.DataFrame({'date':df['date'].values, stock:close})
    else:
        temp_df = pd.DataFrame({'date':df['date'].values, stock:close})
        raw_df = pd.merge(raw_df, temp_df, how='outer', on=['date'])

raw_df.sort_values("date",inplace=True)
raw_df.to_csv('tests/resources/stock.csv',index=False)
```

按上面计算投资组合的四个步骤,此处在实际操作上只需要计算风险、定义目标函数并计算输出结果。

- 计算风险(即资产收益的协方差)

```
# 读取数据
df = pd.read_csv("tests/resources/stock.csv", parse_dates=True, index_col="date")
returns = df.pct_change().dropna()              #计算每日回报
mu = expected_returns.mean_historical_return(df) #计算历史平均回报
#也可以计算指数平均(ema)回报
# mu = expected_returns.ema_historical_return(df)
S = risk_models.sample_cov(df)
```

- 计算优化结果

```
# Optimize for maximal Sharpe ratio
ef = EfficientFrontier(mu, S)
```

```
raw_weights = ef.max_sharpe()      #以最大夏普率为目标函数,并计算结果
cleaned_weights = ef.clean_weights()
ef.save_weights_to_file("weights.csv")   #存储权重文件
ef.portfolio_performance(verbose=True)
#根据权重排序打印
items = sorted(cleaned_weights.items(), key=lambda obj: obj[1], 
reverse=True)
for i in items[:100]:
    print(i)
```

得到以下结果。

```
Expected annual return: 18.1%
Annual volatility: 39.9%
Sharpe Ratio: 0.40
('sz.300721.csv', 0.54336)
('sh.600166.csv', 0.28245)
('sh.603966.csv', 0.1742)
('sz.000523.csv', 0.0)
('sz.001206.csv', 0.0)
('sz.300637.csv', 0.0)
('sz.300228.csv', 0.0)
('sh.601018.csv', 0.0)
('sz.000166.csv', 0.0)
('sh.600136.csv', 0.0)
```

可以看到回报率为 18.1%,这个数值很高,但波动率很大,接近 40%。输出结果只有各个股票的占比,我们不方便直接使用股票的占比在市场上买卖,也不好回测,所以这里假设初始有 10000 元资金可以购买股票,并计算可以购买的股票数量。

```
from pypfopt.discrete_allocation import DiscreteAllocation, 
get_latest_prices
latest_prices = get_latest_prices(df)
da = DiscreteAllocation(cleaned_weights, latest_prices, 
total_portfolio_value=10000)
allocation, leftover = da.greedy_portfolio()
print("Discrete allocation:", allocation)
print("Funds remaining: ${:.2f}".format(leftover))
```

基于以上代码得出了买入股票的投资优化建议(股票建议结果如下),从下面的代码中可以看到,结果直接展示了股票以及配资股票数量,看上去比较友好(当然 A 股市场是按照 1 手=100 股买入,注意还需要将股票数量除以 100)。

```
Discrete allocation: {'sz.300721.csv': 100, 'sh.600166.csv': 784, 
'sh.603966.csv': 193}
```

```
Funds remaining: $51.60
```

继续尝试第二个优化函数。我们准备自定义一个非凸优化器，尝试实现一种非凸优化，代码如下。

```
def deviation_risk_parity(w, cov_matrix):
    diff = w * np.dot(cov_matrix, w) - (w * np.dot(cov_matrix,
w)).reshape(-1, 1)
    return (diff ** 2).sum().sum()
```

对优化函数进行计算，代码如下。

```
ef = EfficientFrontier(mu, S)
weights = ef.nonconvex_objective(deviation_risk_parity,
ef.cov_matrix) #使用非凸优化器，传入自定义函数
ef.portfolio_performance(verbose=True)      #计算优化函数
items = sorted(weights.items(), key=lambda obj: obj[1],
reverse=True) #排序输出
for i in items[:100]:
    print(i)
```

结果如下。

```
Expected annual return: -0.1%
Annual volatility: 26.3%
Sharpe Ratio: -0.08
('sh.601018.csv', 0.14666177798799387)
('sz.000166.csv', 0.11781703322141292)
('sz.001206.csv', 0.115686857405926605)
('sh.603966.csv', 0.095033484130411111)
('sh.600166.csv', 0.09459440038276966)
('sz.000523.csv', 0.093086753438820971)
('sz.300637.csv', 0.09244325031455997)
('sz.300721.csv', 0.08581911855433223)
('sh.600136.csv', 0.083859448454410961)
('sz.300228.csv', 0.07499788611027489)
```

从结果看，预期回报和波动率都比较差。当然，为了简化，此处的资产都采用了股票，肯定会影响最终结果（在真实情况下还需要配置债券、外汇、黄金等资产，暂时不考虑这类优化目标）。

我们继续看第三种目标函数 HRP 的计算结果，如下。

```
# Hierarchical risk parity
hrp = HRPOpt(returns)              #定义目标优化 HRP 方式
weights = hrp.optimize()           #计算优化结果
```

```
hrp.portfolio_performance(verbose=True)
    items = sorted(weights.items(), key=lambda obj: obj[1],
reverse=True)   #排序打印
    for i in items[:100]:
        print(i)
    plotting.plot_dendrogram(hrp,filename='dendrogram.jpg')   #存入图
```

直接看下面的计算结果。

```
Expected annual return: 4.6%
Annual volatility: 16.1%
Sharpe Ratio: 0.16
('sh.601018.csv', 0.42361552209641291)
('sh.603966.csv', 0.11928198263927973)
('sz.000166.csv', 0.09060661627180144)
('sz.000523.csv', 0.07837405030487013)
('sz.300637.csv', 0.070586060779692244)
('sh.600136.csv', 0.05698277761917362)
('sh.600166.csv', 0.054254072626131605)
('sz.001206.csv', 0.052078315569602142)
('sz.300721.csv', 0.02805806797352164)
('sz.300228.csv', 0.0261625351253789)
```

从这种方式的结果来看，虽然预期回报比较少，但波动率显然是三者中最好的，追求稳定收益的读者可以考虑选择最后这种。

根据 HRP 的概念，我们知道 HRP 可以在一定程度上反映投资标的的相关性。可以从图 1-28 中来看看各股票之间的相关性，当然也可以导入各种资产数据以展示不同投资标的之间的相关性。

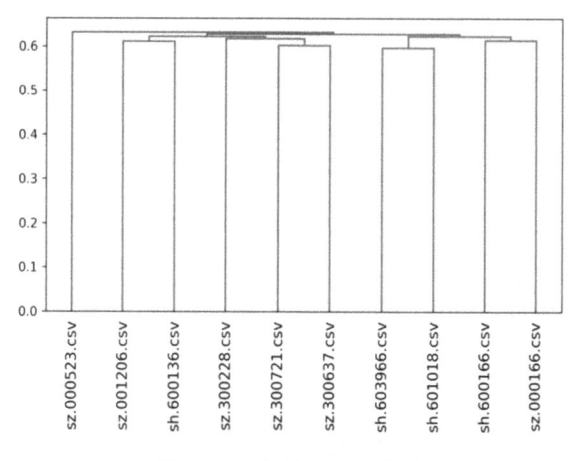

图 1-28　各股票的相关性

根据 HRP 的输出图，我们能直观地发现，001206—300637 与 603966—000166 属于不同的两个组，组间的距离比较大，组内的距离比较近，当然依据该图还可以细分。HRP 能清晰地反映投资标的之间的组合关系。

之前阐述的方法并不是全部的投资组合方法。例如，还可以引入 mcap 资产价格权重，给予每个股票（资产）一个权重分配；可以自定义每个股票（资产）的权重，甚至可以引入预期价格以调整各个股票（资产）的权重。至于哪种优化函数最好则需要多尝试比较。例如以上三种方法，在股票扩增后，它们的结果也不相同，但整体趋势不会有太大的变化。

好，恭喜大家，目前已经学完第一章。在本章中我们了解了投资的基本概念，也了解了交易流程，并尝试建立自己的交易模型，进一步了解如何使用机器学习的办法选择决定性的特征或策略，还探讨了一个关键概念——投资组合优化。

第二章
用机器学习预测股价

第一章介绍了交易模型和投资组合两种思维方式，这些思维方式的目的之一就是预测股价。本章将进一步探讨如何用机器学习预测股价。

第1节 机器学习过程

机器学习如今并不是一个陌生的词汇,投资领域预测早已从传统的机器学习转变成更为流行的神经网络模型甚至强化学习模型(机器学习是个大的概念,包含神经网络,此处为了区分,用"传统的机器学习"代表非神经网络模型)。本章简单梳理将要用到的机器学习的原则与思路。这样,无论数据怎样变化,都可以套用同一类分析思维方法去解决问题。

还记得前面提到的交易模型吗?我们将机器学习加入之后,再与之前的交易模型对比。

先回顾一下普适性交易模型的思路:

① 提出假设(想法);

② 收集投资标的数据;

③ 根据投资标的数据和信息研究出一套策略;

④ 根据这套策略在历史数据上进行验证——回测;

⑤ 在真实数据上执行这套策略并根据股票的价格波动调整策略。

下面是机器学习交易模型的思路:

① 构建问题、确定目标指标;

② 获取、清理和验证数据;

③ 熟悉数据并生成特征;

④ 选择一种或多种合适的机器学习算法;

⑤ 训练、测试和调整模型;

⑥ 使用模型结果解决问题或执行操作。

对比两种交易模型思路,唯一不同的就是将人寻找并研究策略的工作交给了机器,第③④⑤步就是机器学习交易模型特有的部分。严格来说,第③步也不能完全算是机器学习特有的步骤,所以我们只需要关注算法的选择与训练调整。看到这里就有信心了,机器学习的交易模型基本都是利用决策树模型来训练的,一般都可以掌握。

机器学习算法有很多划分方法，我们根据数据使用的差异将算法划分为以下三类：

第一类　适用非结构化数据的算法

例如，对于新闻和研报的使用，甚至根据上市公司新闻发言人的表情来判断发言的真假，进而判断所宣布事项的可靠性。由于新闻、研报、表情等非结构化数据并不是根据投资标的价格数据直接产生的，因此需要应用 NLP 和 CV 的相关技术判断后再利用，我们称这类数据为间接生效数据，与此相似的还有财务数据，如宏观数据（CPI、GDP 等）、行业指数及该行业企业目前的平均盈利水平或状态等。

第二类　适用股票技术数据的算法

除了第一类，只要是股票在运行过程中产生的数据，如 5 个基本数据，开盘价、最高价、最低价、收盘价、成交量，就可以使用机器学习或神经网络算法进行预测。

第三类　适用高频量化数据的算法

一般而言，由于中国股市的 t+1 策略，我们使用日线数据进行算法的调整和计算。而对于某些基金公司来说，需要更快地调整仓位，如果需要计算日内的数据并产生模型，则要调整时间跨度，这就需要用到分钟线或分笔数据，所以算法可以据此继续细分，如细分为分钟线的高频量化交易算法。高频数据属于特殊的技术数据，它的获取和处理方法与一般的股票技术数据有些不同，所以单独列出。

除了上面的大分类，我们还要明白模型输出的目标是什么？按大分类来看，可以分为值预测（回归，Regression）与分类预测（分类，Classification）。不管是值预测还是分类预测，训练模型时经常会遇到拟合问题，我们简单了解一下。

过拟合：过拟合模型在训练数据上表现很好，在测试集上表现比较差；数据所展现出来的结果是低训练误差和高测试误差，低样本内误差和高样本外误差，以及高方差。

可以采用以下方法来避免过拟合。

第一，提前停止（early stopping），即在模型无法继续学习更多的特征时便停止训练。

第二，使用更多数据进行训练，添加更多数据将提高模型的准确性，或者能帮助算法更好地检测信号。

第三，数据增强，将干净且相关的数据添加到训练数据中。

第四，特征选择，使用数据中的重要特征。

第五，正则化，通过使用 L1 正则化、Lasso 正则化和 dropout 等正则化方法来防止过拟合。

第六，集成，结合来自多个独立模型的预测来提升模型结果，相当于依靠堆叠模型来提高模型的适应性。

欠拟合：欠拟合模型结果并不好，主要原因在于模型没有捕捉到数据的底层逻辑，模型预测能力不强，准确率低。欠拟合一般表现为：训练精度较低，模型的预测准确率较低。

避免欠拟合的方法如下。

第一，延长训练时长，原因在于过早停止训练会导致模型欠拟合。

第二，减少正则化：如果有正则项，可以应用较小的正则项参数（例如 L1 正则化、Lasso 正则化、dropout 等）来减少模型的方差。

第三，数据特征选择：欠拟合也说明数据特征数量不够或特征无法和目标建立关联，因此需要添加更多的数据特征或与目标有关的重要特征。

第四，去除数据噪声。

第2节　回归模型：从风险到回报

笔者刚刚踏入股票市场时，有位经常炒股的同学神秘地和我说有一条黄金法则，学会了就包赚不赔。我也非常兴奋，兴冲冲研究了两天，每次都神秘兮兮地一个人研究，生怕别人知道了。其实这个方法非常简单，就是画趋势线：将股价走势中最高的两点连成一根直线，这就是阻力线；将股价走势中最低的两点连成一条线，这就是支撑线。股价因为强大的惯性，一般会在支撑线和阻力线所围合的范围内上下振荡前行。

趋势线的理论基于股价会一直顺着既定趋势上行或下行的认知，即股价在趋势的上下区间振荡，如果找到趋势的支撑线和阻力线，就能掌握股价走势了。如何找出这两条线就是本节要探讨的部分：线性回归。线性回归的本质就是把股价连出一根线，股价就围绕这根线上下活动。本节主要探讨三种用线性回归预测股价的方法。

这里选择 sh.601225 作为要预测的股票并画出股价移动平均线，如图 2-1 所示。

图 2-1　股价的移动平均线

计算投资收益概率分布的平均值，计算方法就是将今天和昨天的收盘价相除减 1 即可，代码如下。

```
rd = close_col / close_col.shift(1) - 1
```

在图上画出每日平均回报率，如图 2-2 所示。

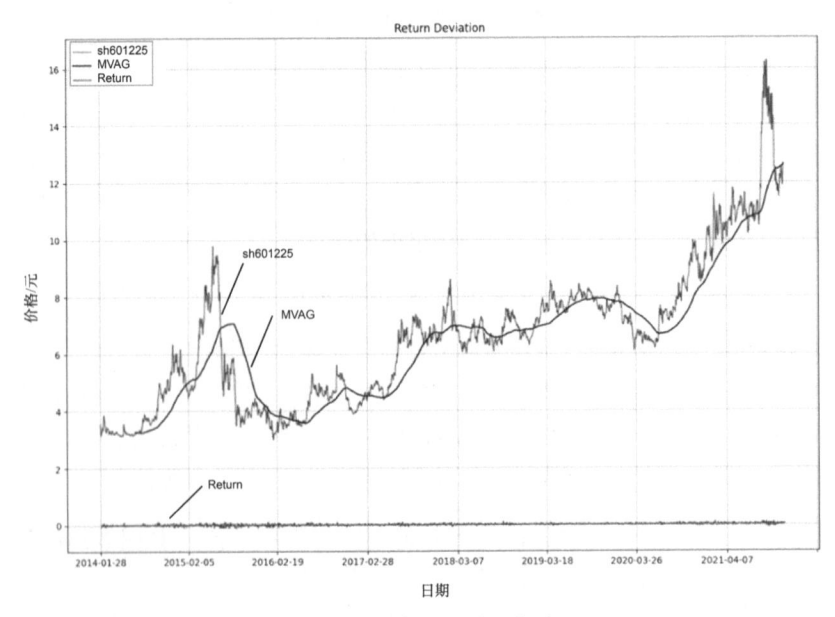

图 2-2　每日平均回报率

构建标签 y，代码如下。

```
predict_days = 30
df['Prediction'] = df['close'].shift(-predict_days)
```

构建训练集 X，代码如下。

```
X = np.array(df.drop(['Prediction','code',], axis = 1))
X = X[:-predict_days]
```

定义线性回归模型并对它进行训练，代码如下。

```
linear_model = LinearRegression()
linear_model.fit(X_train, y_train)        # 训练
```

我们再来尝试另一种线性回归方法 Lasso，相关代码如下。

```
lasso_model = Lasso()
lasso_model.fit(X_train, y_train)        # 训练模型

lasso_model_score = lasso_model.score(X_test, y_test)
print('Lasso Model score:', lasso_model_score)
Linear Model score: 0.8317154120750059
Lasso Model score: 0.7917284394965374
```

从图 2-4 可以看出，Lasso 方法对于小波动的线段拟合非常好，但当股价出现大的波动时，此方法不如普通的线性回归方法（如图 2-3 所示）。从它们的分数（如下代码块所示）也能看出来，Lasso 模型稍差些。当然我们只选了一只股票的数据，如果多选几只股票数据，找出价格波动本来就小的股票又会怎样呢？读者朋友可以自己试试。

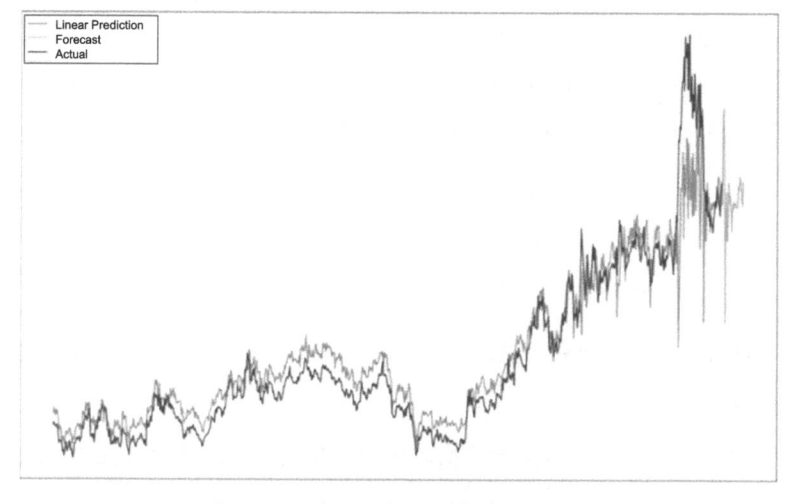

图 2-3　用线性回归预测走势 1

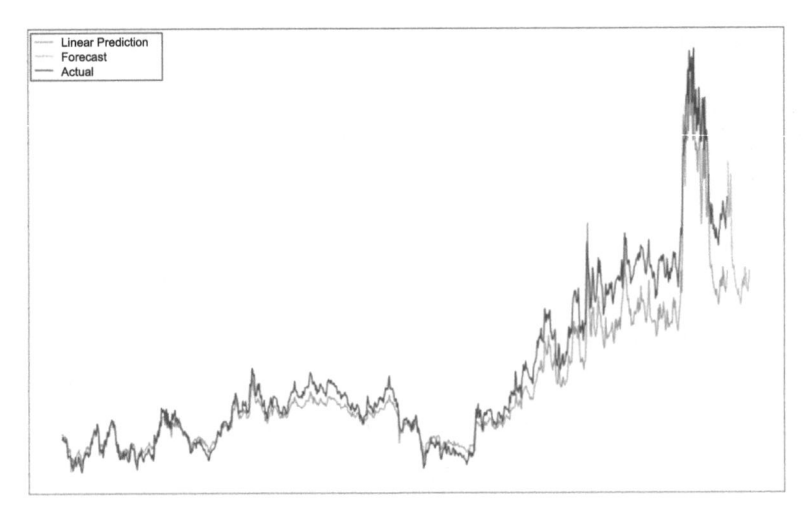

图 2-4　用线性回归预测走势 2

我们总结一下回归方法。简言之，回归就是寻找变量之间的关系。例如，影响员工工资的因素，包括经验、教育水平、工作内容、工作城市等，每个员工的数据都代表一个观察结果，而经验、教育、工作内容和城市是独立的特征，最终输出——工资则根据这些独立特征而变化。

类似地，读者朋友可以自行尝试建立房价与面积、卧室数量、到市中心的距离等特征的数学相关性。一般来说，在回归分析中，我们要根据所观察现象的特性依赖于其他特性的假设，尝试在它们之间建立关系。换句话说，就是需要找到一个函数，将一些特征或变量映射到此函数中。部分函数值会随着一个或几个值变动而变动，所以称为"因变量"，也称为函数输出。此外，有些特征对函数输出产生影响，而不会被影响，这些特征相对独立，就称为"自变量"，也称为函数输入。

回归问题通常有一个连续且无界的因变量，而输入值可以是连续的甚至是离散的，可以包含一些分类的数据，如性别、国籍、品牌等。

通常的做法是用 y 表示输出，用 x 表示输入。如果有两个或两个以上的独立变量，它们可以表示为向量 $x=(x_1, \cdots, x_r)$，其中 r 是输入的个数。

那么，一般什么时候使用回归呢？我们可以从以下方面来理解。

第一，线性回归用来研究变量之间的关系。例如，我们可以使用它来确定经验或性别在多大程度上影响了工资。

第二，使用线性回归直接预测价格。例如，在上面的例子中，我们可以用股票的

OHLCV[1]特征预测第二天的价格。

根据以上代码结果和分析，又产生了一个新问题：线性回归直接预测股价是否准确？笔者的个人观点是用回归做短期预测会有些效果，但用它来做长期预测则不太现实，原因有三。

第一，浅层原因是经济活动对股市的影响有惯性，这种惯性会延续好几天，即使遇到趋势翻转的情况时也是如此；但如果预测长期股市，不确定性就相当高，至少用它来预测长期股市并不是最好的方式。

第二，影响股市的社会关键因素太多，远超线性回归的计算能力。线性回归的特点之一就是线性，它的思想是拟合。既然是拟合，那么一定是对历史数据规律的重复，而历史规律在未来不一定完全一样。这种纯粹靠惯性的趋势完全像是在赌概率，只不过短期概率高些，长期概率低些且不可控。

第三，市场兴趣与产生的股票数据特征发生了根本改变，之前拟合的线性方程并没有考虑此类情况，因此无法对未来做出有效预测。

看到这里，读者朋友也能明白，用线性回归计算股价虽然简单，但要计算得很准确也比较难，那么我们简化一下，能否只用它来判断股价是下跌还是上涨呢？当然可以。这就需要用到对数回归［曾被称为逻辑回归（Logistic Regression），现在学术界已纠正为对数回归］。调用方法也同样简单，只需要调整调用函数，并且将 y 值变成 1 或 0 即可，感兴趣的读者朋友可以试试。

本节我们学习了用线性回归来计算未来的股价，从线性回归价格预测结果示意图中我们看到，真实值和预测值的波动都很大，要想准确预测未来波动的大小，起码得知道什么时候风险会加大，这些风险大概会大到什么程度。因此，波动率的预测很重要，那么预测未来的波动呢？我们继续分析。

第 3 节　波动率预测与波动套利

当选择一种证券进行投资时，交易员会通过它的历史波动性来帮助确定潜在的交易

1　OHLCV 即开盘价（Open）、最高价（High）、最低价（Low）、收盘价（Close）、成交量（Volumn）的首字母缩写。

相对风险。波动性反映了价格波动的程度。一只股票的价格剧烈波动——创下新的高点和低点或不稳定地摆动——这些情况被认为是高度波动的。一只保持相对稳定价格的股票直观上具有低波动性。高波动性的股票本质上风险较大，但这种风险是双向的，价格波动性大的股票意味着更容易赚钱也更容易亏钱，即成功的机会和失败的风险一样多。

波动率代表数据分散程度的统计概念，所以通常用来描述一个股票价格涨跌的幅度。以数学的理论来看，波动率等于是统计数据的偏差值。

波动率指标可分为三种，即历史波动率（HV）、已实现波动率（RV）和隐含波动率（IV）。

HV：对证券市场指数在给定时间段内的回报统计度量，通常用时间段内的平均价格的平均偏差来计算。历史波动率越高，证券风险越大。然而，这并不一定是一个坏结果，因为风险既有看涨的一面，也有看跌的一面。

RV：反映了标的资产回报的可变性，一般使用频率较高的数据计算波动率，又称为日内波动率或高频波动率，可用于预测或择时。

IV：反映市场对给定证券价格变化可能性的看法的指标。投资者可以使用隐含波动率来预测未来走势和供需情况，并经常使用它为期权合约定价。隐含波动率与历史波动率不同，后者衡量过去的市场变化及其实际结果。

波动率预测

一个好的波动率模型应该抓住现实世界中观察到的两个关键特征：条件性特征和自回归特征。

- 条件性特征：连续的走势受变量（条件）影响，会低于或高于平均水平。
- 自回归特征：波动率表现出长期记忆，倾向于从极端值恢复到平均水平的运行值。

波动率建模是一个复杂的课题，学界已提出了许多解决方案。在实践中，金融行业已将波动率建模归纳为以下三种主要技术。

1. **历史平均值**（HIST）

通常使用前一年的波动率作为下一个时期的预测基础。当波动率上升到新水平时，这种方法可能反应太慢。例如，如果波动率翻倍，这种方法需要 5 个月的时间才能移动到新水平的一半。

2. 指数加权移动平均（EWMA）

EWMA 方法即移动平均方法的指数加权版本。根据历史数据距当前时刻的远近，EWMA 被分别赋予不同的权重。数据点距离现在越近，被赋予的权重便呈指数级上升，所以被称为"指数加权"。相对而言，我们认为越远的历史信息所起的作用越小，因此计算波动率时所赋予的权重越小。但是它也有相应的缺点：在捕捉条件性特征方面越好，那么在捕捉自回归特征方面就越差。

3. GARCH 类模型

该方法既能捕捉到聚类，又能捕捉到均值回归，因为它的两个参数一个类似于 EWMA 的衰减特征，另一个是长期平均参数，能将波动率"拖回"到一个较长的运行值。GARCH 与 EWMA 都使用了指数移动平均，它们都赋予最近的信息以更大的权重。EWMA 事实上是一种特殊形式的 GARCH。GARCH 方法往往可以很好地拟合数据，但更多的是过度拟合，故预测结果并没有多好。此外，在多资产的情况下，当每个资产都被单独参数化时，意味着它们之间的相关性并不好衡量。最后，GARCH 比较适合中低频数据（比如每日数据、每周数据）。

那么，波动率预测在金融市场中到底有哪些用处？换句话说，假设已经计算出 HV、RV 和 IV，我们该如何使用它们？来看一个例子：现在有一个已实现的波动率 RV=10%，计算得到隐含波动率 IV=13%，说明当前市场的报价觉得未来标的资产波动的平均值大概在 13%，如果我们发现一个波动率差，在减去交易成本后还有溢价，那么理论上就可以利用这个溢价尽快卖出资产标的。

为了计算 RV、IV、HV，先提取收盘价并计算回报如下。

```
import quandl
quandl.ApiConfig.api_key = '申请的key'
goog_table = quandl.get('WIKI/GOOG')
# 取 Google 2016 年 1 月到 8 月的每日股票收盘数据
close = goog_table['2016-01':'2016-08']['Adj. Close']
returns = goog_table['2016-01':'2016-08']["Adj. Close"]/goog_table['2016-01':'2016-08']["Adj. Close"].shift(1)
```

然后，计算 HV，流程如下。

① 计算一段时间的均值；

② 计算偏差：用实际观察值减去平均值；

③ 计算方差：将所有的偏差平方相加；

④ 计算标准差：计算方差的平方根；

⑤ 修正标准差为年标准差，假定一年有 252 个交易日，那么这里计算 252 的平方根。

HV 的计算代码如下。

```
def historical_vol(close: list):
    r = diff(log(close))
    r_mean = mean(r)
    diff_square = [(r[i]-r_mean)**2 for i in range(0,len(r))]
    std = sqrt(sum(diff_square)*(1.0/(len(r)-1)))
    vol = std*sqrt(252)
    return vol
print(historical_vol(close))
```

RV 的计算代码如下。

```
def get_realized_vol(returns, time):
    returns_log = np.log(returns)
    data = pd.Series(returns_log, index=None)
    data.fillna(0, inplace = True)
    #window/time 表示想要计算多少天的波动，一个月内有 22 个交易日
    volatility = data.rolling(window=time).std(ddof=0)*np.sqrt(252)
    return volatility

#假设每个月有 22 个交易日
print(get_realized_vol(returns, 22))
```

IV 隐含波动率是市场对未来的预期，因为计算时是以当前期权价格倒推的，而当前期权价格体现了市场对股价未来的预期，所以，如果市场预期股价未来会大涨，就很有可能愿意出较高的价格买入期权，从而导致隐含波动率升高。但这个预期也可能是不准确的，隐含波动率的计算比较复杂，这里就不再赘述，大家可以在链接 0-1 中查看代码。

至此，已计算出 HV、RV 和 IV，前面已经说明了可以利用 IV 和 RV 之差作为预期利润，在这个想法上可以稍作修改，如果有了 RV、HV，那么可以利用这两个指标构建一个最基本的择时参考。例如，当 RV 小于某个值时就卖出，当它大于某个值时则买入，这是最简单的规则，大家可以尝试。但如果直接这样操作则过于死板，我们可以引入上证 50ETF 波动率指数 CEIC 作为对比值。由于此对比值是一个动态值，所以最终的结果会更准确：

- 如果波动率指数(CEIC)>HV+bias[1]，那么说明波动率被高估，应该卖出期权；

---

1 bias 是观察历史波动率计算出来的平均值。

- 如果波动率指数(CEIC)<HV+bias，那么说明波动率被低估，应该买入期权。

据此我们可以简单结合 RV 和 HV 的结果，即 HV 与波动率指数的差、RV 与波动率指数的差，再将上述差值加权取和。

```
#未加入权重：
CEIC - HV-bias(H) + CEIC - RV-bias(R)
#加入权重：
w*(CEIC - HV-bias(H)) + (1-w)*(CEIC - RV-bias(R))
```

这里 w（权重）可以根据实际波动率情况调整，假设认为 HV 整体择时效果更优，便可以赋给 w 更高的权重，例如 0.7，而 1-w 就是 0.3。我们设定一个阈值（可以是 0 或者其他值），利用最终输出数据和阈值的关系就可以确定买卖操作。

前文我们举例利用波动率之差来买卖资产，但现实情况里可以这样直接操作吗？我们要了解：未来已实现波动率是未知的，也就是波动率自身也有波动，光靠均值和方差并不能完全刻画出此分布（波动率是根据均值方差计算得出的），所以需要偏度 Skew 和峰度 Kurt（Kurtosis）来更精确地刻画此分布。

那么什么是偏度和峰度？来看一下图 2-5 和图 2-6。它们都有均值 μ=0.6923 和方差 σ=0.1685，但它们的形状不同。

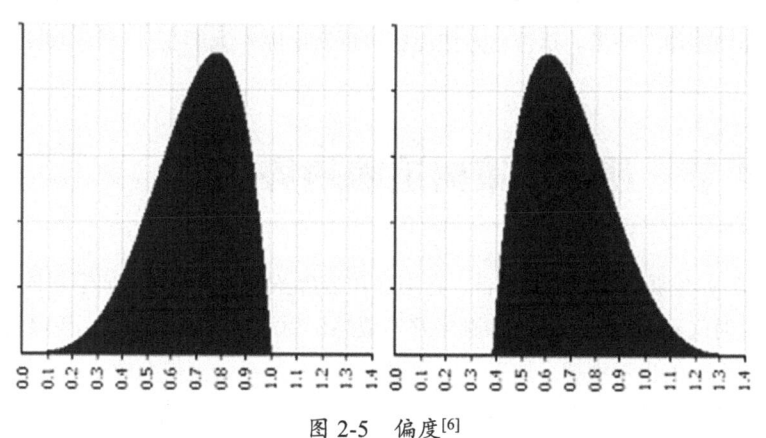

图 2-5　偏度[6]

图 2-5 左图向左适度倾斜：左尾较长，大部分分布在右侧。相比之下，图 2-5 右图中的分布适度向右倾斜：它的右尾较长，大部分分布在左侧。

偏度就是用来衡量分布曲线向左向右偏离的角度大小：左图偏度=-0.537，形状左偏；右图偏度=0.537，形状右偏。

于是我们可以得出结论：偏度是用来衡量随机变量概率分布的不对称性的。峰度顾名思义则是用来衡量分布曲线的顶点是否够高、够尖的，如图 2-6 所示。

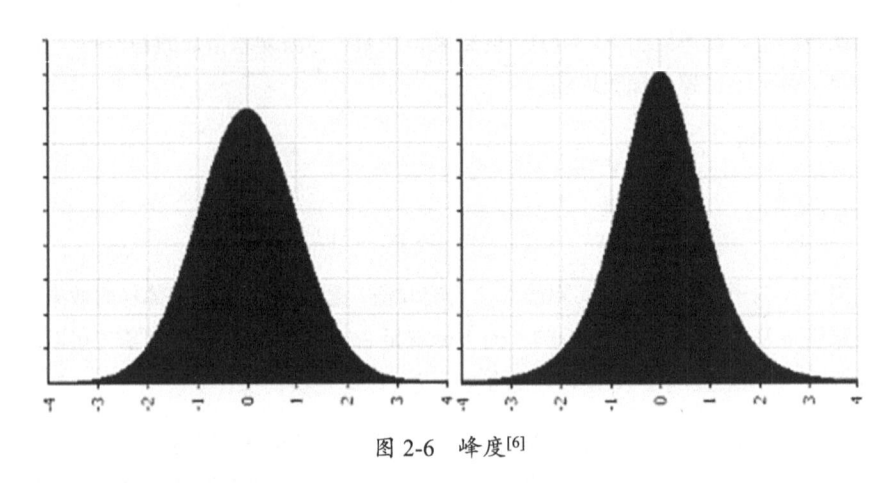

图 2-6　峰度[6]

从图 2-6 中可以看到右图曲线中的肩部比左图曲线中的覆盖面积更窄，而底部更宽，中间的波峰更高更窄。这两个图都是正态分布，左图的峰度=3，右图的峰度=4.2。

通过对偏度和峰度的直观感受，我们大致可以明白，两个指标能更具体地刻画分布，也让我们计算的 RV 和 IV 更准确，因此也能更准确有效地预测风险波动。

综上，我们先用线性回归做了一个简单预测，然后计算了波动率 HV、IV、RV。但这些预测都只能作为参考。是否有方法能更接近实际呢？我们在下一节中进行分析。

第 4 节　使用决策树追踪趋势

LightGBM 是基于决策树的算法，它构建并结合多个分类器来完成学习任务。它的主要特点是对时间不敏感、对序列的顺序并不敏感；由于是决策树模型，所以对于值到底是连续值或离散值也不敏感，这里可以省略一步——最小最大值缩放（minmax scaler）。我们将从特征处理、模型训练、回测这三个步骤来看一下最终结果。

第一步　特征处理

我们先取基础数据作为特征，代码如下。

```
df = df[['date','open','high','low','close','volume','turn','code']]
```

接下来，准备差值特征。

```
#新增特征
df['co'] = df['close']/df['open'] - 1
df['ol'] = df['open']/df['low'] - 1
df['oh'] = df['high']/df['open'] - 1
df['cl'] = df['close']/df['low'] - 1
df['ch'] = df['high']/df['close'] - 1
df['lh'] = df['high']/df['low'] - 1
```

差值特征中有一个特殊的特征"cc",处理方式稍稍有些不同。"cc"特征作为 close 值的替代特征使用,代码如下。

```
#新增特征
df['cc'] = df['close']/df['close'].shift(1) - 1
```

利用上面提到的 cc 特征,生成移动平均线和指数平均线。生成这两类均线指标主要是弥补时间序列上的缺失,相关代码如下。

```
df['ma5'] = df['cc'].rolling(5).mean()
df['ma10'] = df['cc'].rolling(10).mean()
df['ma20'] = df['cc'].rolling(20).mean()
df['ma30'] = df['cc'].rolling(30).mean()

df['ewm5'] = df['cc'].ewm(5).mean()
df['ewm10'] = df['cc'].ewm(10).mean()
df['ewm20'] = df['cc'].ewm(20).mean()
df['ewm30'] = df['cc'].ewm(30).mean()

df.fillna(method='bfill', inplace=True)
```

针对 LightGBM,我们并不像前面使用回归方法那样输出第二天的收盘价。因为如果直接输出收盘价会带来两个问题。

第一,平移第二天的 close 值的预测可能不是很准确,只是为了更好衡量目标值与预测值的差值。

第二,LightGBM 虽然可以用在回归上,但本质还是一个弱分类器的组合,所以从原理上并不适合做回归,如果要使用一种既适合回归又适合分类的算法,还是应选择神经网络。

基于以上理由,我们使用类别而不是股价作为模型的预测目标。这里简单分成两类,即第二天如果上涨则为 1,如果下跌则为 0,代码如下。

```
df['label'] = np.where(df['close'].shift(-1)/df['close'] > 1, 1, 0)
```

第二步 模型训练

我们先来划分训练集、测试集、验证集的范围。以下代码实现了数据集的划分。

```
train_date_start = '2014-01-03'
train_date_end = '2021-01-01'
val_date_start = '2021-01-01'
val_date_end = '2021-04-01'
test_date_start = '2021-04-01'
test_date_end = '2022-02-23'

train_data_idx = (df['date'] >= train_date_start) & (df['date'] <= train_date_end) & (df['high']!=df['close'])     #涨停情况不处理
val_data_idx = (df['date'] >= val_date_start) & (df['date'] <= val_date_end)
test_data_idx = (df['date'] >= test_date_start) & (df['date'] <= test_date_end)
```

对于特征的选取，我们除了选取股票基本的技术特征，还加入了平均线特征，代码如下。

```
fea = [
    'open',
    'high','low',
    'close',
    'volume',
    'turn',
    'cc',
    'co','ol','oh','cl','ch','lh',
    'ma5',
    'ma10',
    'ma20',
    'ma30',
    'ewm5',
    'ewm10',
    'ewm20',
]
```

接着，我们调用 lightgbm 算法开始训练过程，代码如下所示。

```
# 模型训练及评价
import lightgbm as lgb
from sklearn import metrics
param = {'num_leaves': 31,
        'min_data_in_leaf': 20,
```

```
            'objective': 'binary',
            'learning_rate': 0.1,
            "boosting": "gbdt",
            "metric": 'None',
            "verbosity": -1}
trn_data = lgb.Dataset(trn, trn_label)
num_round =60
clf = lgb.train(param, trn_data, num_round)
test_lgb = clf.predict(test, num_iteration=clf.best_iteration)
```

第三步　模型结果及回测

先准备结果评估，代码如下。

```
test_final = test_lgb >= thresh_hold
print(metrics.accuracy_score(test_label, test_final))
print(metrics.confusion_matrix(test_label, test_final))
tp = np.sum(((test_final == 1) & (test_label == 1)))
pp = np.sum(test_final == 1)
print('accuracy:%.3f'% (tp/(pp)))
```

预测并输出评估结果如下。

```
0.5161290322580645
[[106  19]
 [ 86   6]]
accuracy:0.240
```

评估结果 accuracy 没有超过 0.5，我们认为该值可能会影响最终的结果。马上进行回测，相关代码如下。

```
    2021-08-05   买入 sh.600157 (sh.600157) 11800 股, 股价: 1.68,花费:
19824.0,手续费: 5.95,剩余现金: 79925.57
    2021-08-26   止盈卖出 sh.600157 (sh.600157) 11800 股, 股价:
1.8816000000000002,收入: 22202.88,手续费: 28.86,剩余现金: 102099.59, 最
终盈利: 2344.07
    2021-10-15   买入 sh.600157 (sh.600157) 10600 股, 股价: 1.91,花费:
20246.0,手续费: 6.07,剩余现金: 81847.52
    2021-10-29   止损卖出 sh.600157 (sh.600157) 10600 股, 股价:
1.7571999999999999,收入: 18626.32,手续费: 24.21,剩余现金: 100449.62, 最
终亏损: -1649.97
    2021-12-06   买入 sh.600157 (sh.600157) 10700 股, 股价: 1.87,花费:
20009.0,手续费: 6.0,剩余现金: 80434.62
    2021-12-31   到期卖出 sh.600157 (sh.600157) 10700 股, 股价: 1.82,收入:
19474.0,手续费: 25.32,剩余现金: 99883.3, 最终亏损: -566.32
```

```
2022-02-10  买入 sh.600157 (sh.600157) 11000 股,股价：1.8,花费：
19800.0,手续费：5.94,剩余现金：80077.36
```

回测结果看起来还不错。观察最后一笔买入，花费 19800+剩余现金 80077=99877，虽然亏了一点，但 2021 年 4 月到 2022 年年初这段时间里股市指数都是亏损的，在这样的大环境下能跑赢指数或与指数相差不多已经是很好的成绩了。

当然，对于这样的成绩我们并不满意，我们的最终目标肯定还是要赚到钱。经分析发现，对于第二天的买入卖出而言，ma10、ma20、ma30、ewm10、ewm20 这几个移动平均线的影响不大，可能这些指标对预测中长期有意义，但对短期而言意义不大，而且会成为干扰模型的噪声，当然也可能是因为决策树本身的原理导致最终结果不理想。我们把这些可能干扰模型的特征（加了#注释符）全部去除再试试。

```
fea = [
    'open',
    'high','low',
    'close',
    #'volume',
    'turn',
    'cc',
    'co','ol','oh','cl','ch','lh',
    'ma5',
    'ma10',
    # 'ma20',
    # 'ma30',
    'ewm5',
    # 'ewm10',
    # 'ewm20',

]
```

观察去除特征后的模型评测结果，成绩提升了很多，accuracy 从 0.24 提升至 0.38，score 也提升至 0.53。

```
score:0.5299539170506913
[[99 26]
 [76 16]]
accuracy:0.381
```

再来看下面的回测结果。虽然在 1 月 25 日卖出时，这笔有亏损，但总剩余金额却是正的，这说明我们去除特征的操作正确。

```
2021-12-06  止盈卖出 sh.600157 (sh.600157) 12300 股,股价：
1.8816000000000002,收入：23143.68,手续费：30.09,剩余现金：105899.62,
```

最终盈利：2443.39
　　2021-12-09 买入 sh.600157 (sh.600157) 11400 股,股价：1.85,花费：21090.0,手续费：6.33,剩余现金：84803.29
　　2022-01-06 到期卖出 sh.600157 (sh.600157) 11400 股,股价：1.8,收入：20520.0,手续费：26.68,剩余现金：105296.61,最终亏损：-603.0
　　2022-01-10 买入 sh.600157 (sh.600157) 11700 股,股价：1.79,花费：20943.0,手续费：6.28,剩余现金：84347.33
　　2022-01-25 止损卖出 sh.600157 (sh.600157) 11700 股,股价：1.6467999999999998,收入：19267.56,手续费：25.05,剩余现金：103589.84,最终亏损：-1706.77
　　2022-02-11 买入 sh.600157 (sh.600157) 11400 股,股价：1.81,花费：20634.0,手续费：6.19,剩余现金：82949.65

对于该股票而言，我们模型的表现有了一定的提升，但这并不意味着针对所有的股票，它的表现都能有所提升，还需大量的验证尝试。由于不同的股票内在逻辑和趋势都不同，所以它们所依赖的特征也不同，因此，我们可以根据股票的特点放手调整模型特征，多想多试。此外，如果决定将该模型用于实盘（在真实的股票交易市场用真实的资金交易）中，还需要了解一些提升稳定性的守则，这些守则虽然比较传统，但在帮助提升交易策略的稳定性方面一直很有效。

第 5 节　提升交易策略稳定性

制定规则

为什么需要制定一些规则？规则的重要作用之一就是在遭受打击或者快要被盈利冲昏头脑时，在你无法理性思考时所设置的某些操作准则和方法，不管你是沮丧还是兴奋，那时的你可能都无法做出有效判断，这就需要规则来确定这种特殊时期的交易模式。

例如，根据自己的风险回报承受能力，制定何时进入交易和何时退出交易的规则。设定一个盈利目标并设置止损，以便在交易过程中避免因极端情绪化导致的错误操作。

此外，也可以确定事件规则。例如新闻事件、股东分红公告等，可能会产生收益或者引发损失，那么此时应该怎么做，是触发购买还是抛售股票？

要为自己设一个封顶金额，如果达到了盈利目标，不要犹豫、拿钱就跑；如果损失达到了设定的红线，就马上回家，认亏出局。无论用哪种方式，都需要活到下一天继续交易，活下去比赚钱更重要。

考虑"百分之一"规则

很多交易商都遵循"百分之一"规则。即应该只把资本或交易账户的1%左右资产投入到单一交易中。假设交易账户有 10,000 元,单次买卖任何股票都不要超过 100 元。

该策略对于账户余额少于 100 万元的交易者来说用得比较多——当然如果你可以承受更高风险,这个值也能设定在 2%~5%;承受力较低的交易者可以选择更低的百分比进行单笔交易。随着账户规模的增长,单一股票持仓也会增加,所以按百分比控制单一操作比较好。需要注意的是,如果超过 2%,就要承担很高的风险。

如何更有效地设置止损点

设置止损点和止盈点通常是通过技术分析来完成的,但基本面分析也可以在时机选择上发挥关键作用。例如,交易者在财报发布前持有一只股票,因为市场已经有预期了,且大家对该公司业绩预期过高,都不想承担风险而想在财报发布前卖出——无论是否已经达到了止盈价。

移动平均线是一个比较好的方法,原因在于它容易计算,而且被市场广泛认可。主要的移动平均线包括 5 日、9 日、20 日、50 日、100 日和 200 日平均线。设置这些均线的最好方法是将其应用于 K 线图,作为股价的支撑或阻力位。另一种支撑或阻力位就是上文提到的趋势线,趋势线可以通过连接以前的高点或低点来绘制。

当设置止损点时,需要考虑以下关键点。

- 对价格波动较大的股票使用较长期的移动平均线,以减少无意义的价格波动引发执行止损单的机会。
- 调整移动平均线以匹配目标价格范围。例如,较长的目标应该使用较大的移动平均线以减少产生的信号数量。
- 止损点应比平均波动率(使用 ATR 指标确定)高 1.5 倍,否则很容易被交易执行。
- 根据市场的波动率来调整止损。如果股价没有太大波动,那么就可以收紧止损点。

计算预期收益

预期收益的计算直接影响买入或卖出股票,这类公式有很多,我们这里只列出计算公式之一:

(获利概率)×(获利后的实际收益)+(亏损概率)×(止损后的实际收益)

对比所有的股票预期收益结果，再确定交易哪些股票。可以通过历史上股价的突破和从支撑位或阻力位的有效突破来计算收益或亏损概率，或者对于有经验的交易者来说，通过盘感来衡量预期收益。当然在我们有了选股模型后，就不用将预期收益指标用于选股，而是可以把它当成参考值来确定卖出的时机是否合适。

在计算预期收益时，要清楚多样化投资标的和对冲对整体收益的重要性。如果把所有的钱都放在一只股票或一种工具上，一旦损失了影响就相当大。因此，跨越行业以及市值和地理区域寻找不同投资标的就很重要，这不仅可以管理风险，而且还能带来更多机会。

此外，在交易时，为了保护投资，还可以通过期权、股指期货等采取对冲操作，将这笔投资标的卖出后，也要记得同时撤销对冲盘。

情绪管理

当交易者收到某只股票或经济的坏消息时，会很自然地感到害怕，也可能会反应过度，直接清仓，避免未来的更大风险。但这种做法也会错过一些收益，也就是由于恐惧导致判断失误。在快速下跌的初期和中期，这种感觉特别强烈：卖还是不卖，什么时候卖……

和恐惧一样需要控制的是贪婪，华尔街有句老话，"猪迟早被宰"。这指的是贪婪的投资者有一种习惯，即持有盈利的仓位太久，他们总觉得自己能赚取最后一个铜板。但市场是未知的，迟早趋势逆转，贪婪的"猪"就被"宰"了。

贪婪是比恐惧更难克服的情绪。要时刻警惕自己是否处于此种情绪中，并在能理性思考时制定交易计划且严格执行。一种更好的控制情绪的方式是，不要介入直接交易中，可以把以上提到的规则都细化成可操作的细则甚至直接形成代码，用代码自动交易，规避人类情绪影响。

第三章
交易的情绪

我们反复提到：情绪是交易的最大敌人，但任何事物都有两面性。"情绪是交易的最大敌人"也从侧面说明人是会受到情绪影响的，即人自身就是交易中的一个"触点"，如果能了解"触点"的情绪，反过来指导投资操作，就能通过了解个体情绪来了解市场情绪，通过了解市场情绪便能清晰地把握市场节奏，展开成功率更高的操作。如果想把握好情绪武器，和它成为好朋友，不妨来认真读读本章的内容。

第 1 节　情绪分析原则

投资者的情绪,可以成为了解近期市场价格的一个好指标。我们经常听到有人说,情绪指标大多数时候是反向的。这种思想是基于这样的认知,即人们在极端情况下可能会做出非理性的行为。想想在互联网泡沫时期,以及 2015 年 6 月发生的千股跌停事件。当股市见底时,人们能感受到市场有许多恐惧,资产价格还在下跌,但这种时刻也是资产价格、股票价格开始反转的时刻。那么该规律是真的吗?先不用着急去否定或肯定它,让我们用数据说话。

为了将更多的有效数据用于观察,我们以美国市场为例来聊聊情绪与指数的对比分析。

美国个人投资者协会(AAII)自 1987 年中期以来一直在发布每周的情绪指数,情绪指数来自于会员的反馈——会员反馈未来 6 个月的股市方向。可能敏锐的你感受到了:如果只是直接收集股市用户的信息,由于样本覆盖不完整,将会导致数据产生偏差,但这并不妨碍我们研究股市情绪和指数的关系,而且这个数据比大多数其他情绪指标,如 VIX 或 CBOE 认购比率,要追溯得更远。我们选择使用简单的牛熊价差指标,即用牛市的百分比减去熊市的百分比。

从历史上看,至少在美国,存在着统计学上强有力的股票风险溢价,这意味着投资者都期望通过投资股票获得回报。根据肯尼斯-弗伦奇的数据库统计,从 1927 年到 2020 年 5 月,投资者获得了 9.4% 的年化回报,其中 6.0% 来自于股票市场。

这些数据说明了至少在历史上,投资美国股票的结果是赚钱的。但没有人能在 1927—2020 年保持自己把 100% 的资金投在股票上,他们要么已经死了,要么已经在好几个历史阶段爆了仓。在 1929 年 10 月大萧条开始时,有谁会知道后面几年股价会下跌 84%,又有谁会在这种跌幅下不被洗出来?因此,历史回报率只能告诉你一部分信息,并不意味着有人能靠一直持有股票而长期获利。

那么,如果在股票市场里引入情绪分析呢?首先,可以根据情绪指数与价格走势的关系来验证情绪指标是不是反向的。我们依此来设计情绪分析系统规则:当牛熊价差处于历史范围的前十位(即情绪乐观正向的前 10%)时,我们退出市场,否则继续持仓。因为情绪时间跨度为 6 个月,故我们以 6 个月的滚动平均值来表示指数,可以看到 6 个月滚动平均值与实际牛熊利差,如图 3-1 所示。

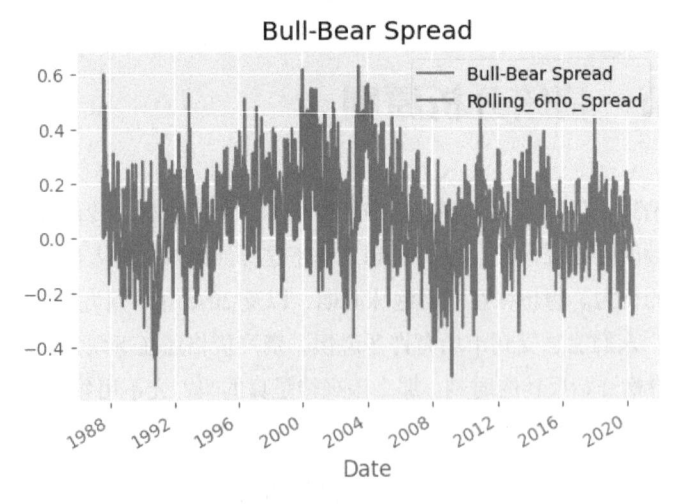

图 3-1　牛熊利差及滚动平均值[7]（数据来源于 AAII）

图 3-2 是过去 6 个月中在股市的滚动配置。这似乎可以验证一开始的有关情绪的说法：市场情绪越乐观，资产下跌的可能性越大，就越需要减少投资。

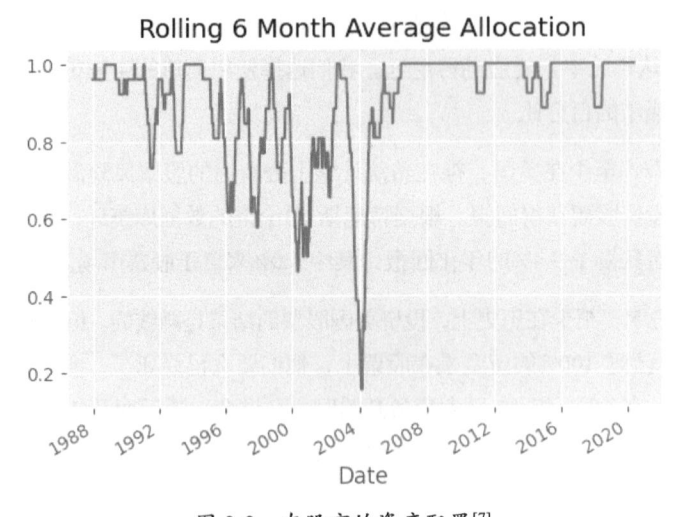

图 3-2　在股市的资产配置[7]

按照仓位设置，画出投资组合的资产与股市指数的对比图（图 3-3），从中可以观察到：

- 从 1987 年到 1995 年，市场和情绪投资组合的表现并没有很大的差别，即在这个时期，情绪反向规律是起作用的。
- 从 1995 年到 2004 年，两条线有很大的分歧，差异产生的原因在于这个阶段投资者只有 74%的时间在股市内买卖，而通常这个数字是 89%。情绪反向规律确实没有起到很好的作用。

- 有趣的是在 2003—2004 年，人们的乐观情绪比网络泡沫的热度更高，而此时我们的收益和指数发生了背离。这表示情绪指标包含很多噪声，如果不够谨慎，这样的噪声信号会导致投资组合的亏损。
- 我们把 2009 年之后的走势合并起点，重新绘图（图 3-4），自 2009 年年初左右的大衰退结束至今，我们看到了与整体市场一致的表现。

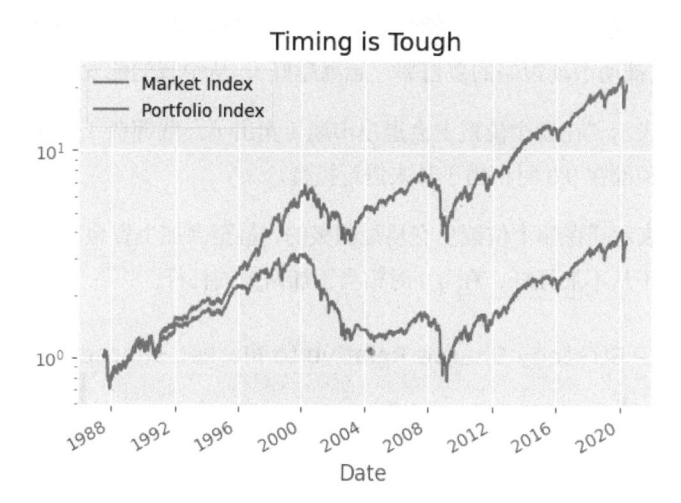

图 3-3　资产与股市指数的对比图[7]

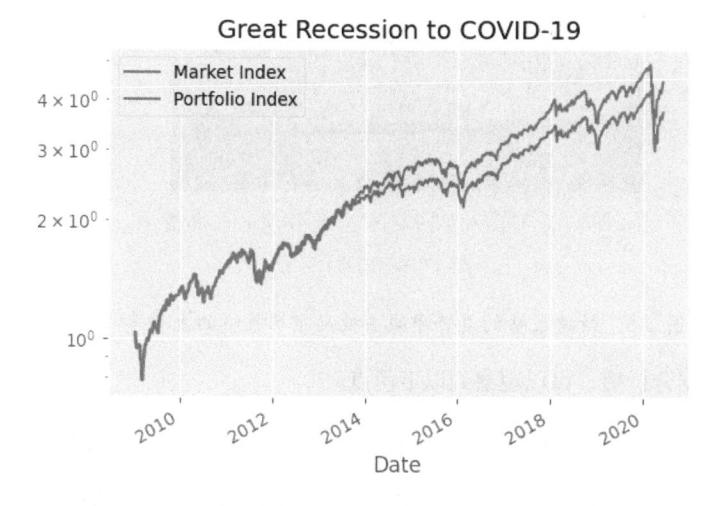

图 3-4　资产与股市指数的对比图（合并 2009 年后的走势）[7]

从数据实践的角度，无法武断地认为情绪反向指标一定存在或不存在。但是我们可以再想想，在技术上是否有可能实现更高的夏普率（回报/风险），以超越市场的表现。可以尝试以下策略。

第一，当牛熊价差高于某个百分点（i）时走平（谨慎）；

第二，当牛熊价差低于某个百分点（j）时做多 2 倍（积极）。

直觉告诉我们，当其他人都非常积极时，我们要保守；当其他人都非常悲观时，我们要积极。那么，这个直觉是否正确呢？图 3-5 是一张热图（heat map），显示了情绪策略的夏普率减去被动市场策略的夏普率（越高越好），从中我们能发现：

- 纵轴：表示"在哪个位置上会退出市场（卖出）"。底部在 1.0 时相当于从未离开市场，顶部在 0.0 时相当于从未进行投资。

- 横轴：表示"在哪个位置上交易是积极的，甚至会加上资金的两倍杠杆"。在 1.0 时相当于从不加杠杆，在 0.0 时相当于加两倍的杠杆。

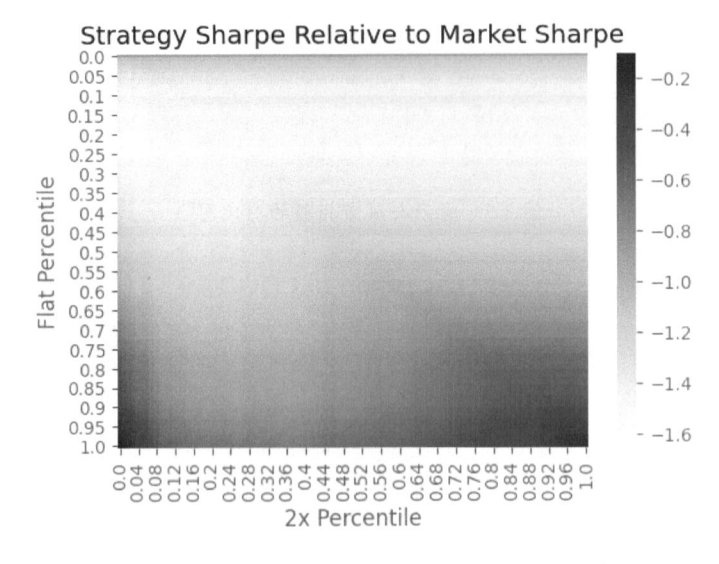

图 3-5　情绪策略的夏普率减去被动市场策略的夏普率[7]

完成这个数据分析后，可以观察到以下两点。

第一，所有利用牛市和熊市价差的市场时机选择策略都具有较低的相对夏普率。

第二，情绪时机策略的最高夏普率发生在深色阴影区域，也就是假设你只是一直做多（左下）或一直杠杆操作（右下）。

因此可以肯定地说，简单地利用牛熊价差的策略是行不通的。但是，可以进一步考虑如何利用情绪指标，如何分段使用情绪指标来指导投资，或者加入其他指标以实现更高的夏普率。在这之前，我们需要学习如何构建情绪指标。

第 2 节　如何构建情绪指标

我国股市的大盘经过多年的发展，已经出现了一些指标，例如大盘情绪周期指标。当使用该指标时，我们发现它只有对整体指数的判断，而没有对个股的判断。如果我们想要精确到个股层面的情绪指标，就需要自己构建。

构建情绪指标需要计算所有文本的情绪，我们将用户对股票的评论作为识别情绪的原始数据。对于某只股票而言，其情绪指标就是围绕该股票的一系列评论。具体构建思路很简单，就是将评论切分成多个句子，在计算完每个句子的情感值后，再累加这些情感值，就能得到当天某个股票的情绪指标。

如果情绪指标大于 0，则说明此时为正向情绪或情绪过热；如果小于 0，则说明此时为反向情绪或情绪过冷。

观察下面提取的新闻标题。

> 北向资金暗中布局银行板块！
> 工商银行、华夏银行、北京银行等多家银行获北向资金大幅增加。
> 中小型券商运用量化交易优于大的证券公司。
> 沪深两市累计成交量 50 万亿元巨资"大厮杀"历史罕见！天天成交破万亿！

对每句话进行情绪多空判断，然后将分数加起来，就得到了整个文本段的情绪。这是最简单的情况，当然也可以提升重要句子的权重，给每个句子加上权重后，再求和——毕竟一篇文章中并不是每一句话都重要。

分析某句话的情绪有多种方法，最简单的是计算一句话中的正负向词。正负向词的多寡决定了情绪正负的程度。

既然主要依靠词来计算正负向，就需要仔细选取与金融市场相关的正负向词。我们人工选取金融领域绝对的情感词如下。

负向词：

风险 亏损 违反 损害 舞弊 严峻 萎靡 困顿 失利 守旧

正向词：

平稳 崛起 精神 和谐 突出 合格 力争 透明 成熟 迅速

以上这些词，以形容词居多，而金融类文本中对主体对象的描述主要使用的是动词，我们继续将这部分词筛选如下。

利好词种子集 {受益、提升、改善、稳健、看好、有望、增、收购、利好、优势}[8]

利空词种子集 {下滑、低于、下降、拖累、跌、降、亏损、违规、处罚、利空}[8]

利好词、利空词种子集的构建反映了你对新闻敏感度的认知度，新闻敏感度越高，就能越快地捕捉到关键信息。

除了人工选取，也可以从已整理好的词表中选取，例如论文《语调、情绪及市场影响：基于金融情绪词典》[9]中汇总了相关词汇。

正式用语情绪词典：负面 风险 亏损 违反 损害 舞弊 严重 约束 手段 坏账 负担 越权 不道德 毁损 异常 谴责 严峻 萎靡 困顿 失利 守旧 不健全 仿造 倒闭 侮辱 压制 冒进 刁难 危害 压迫 低迷 正面 平稳 崛起 精神 和谐 突出 合格 力争 透明 成熟 迅速 倾心 保密 清晰 积极性 严正 丰硕 乐观 从优 信誉 充实 不屈 威信 完备 创新 勇气 飙升 富余 干劲 庆祝 强悍

非正式用语情绪词典：负面 垃圾 下跌 回调 割肉 套牢 风险 减持 抛售 可悲 低迷 向下 跌破 无耻 狗屎 利空 困顿 可笑 跳空 倒霉 赔钱 烂股 小人 绝望 卑鄙 压制 不值 草包 担心 丢脸 烦心 正面 涨停 崛起 胜利 献花 发财 暴涨 战斗机 稳赚 过瘾 幸运 黑马 赚翻天 爽歪歪 止跌 恭喜 开心 舒服 漂亮 牛股 完美 赚大 期待 好样 创新 勇气 神奇 明智 成功 飙升 支持

有了词表后，计算情绪就简单了，我们看如下代码。

```
for word in seg_sent:
    if word in posdict:
        poscount += 1
        for w in seg_sent[s:i]:
            poscount = match(w, poscount)
        a = i + 1
```

主体部分相当简单，即在句子里查找是否有相应的正向词和负向词（pos 和 neg），如果有，就将相应的利空或利好的累计分数加1；如果有相应的情感副词，如更、很、非常等词，则乘以一个相应的权重；如果有否定副词，如非、不等，则减去一个相应的分数。这样我们可以更全面、更准确地识别句子中的市场情绪。

下面给出一份 GitHub 上的中文金融情感词典[10]，以下是对该表的主要介绍，供大家参考。

中文金融情感词典三个来源中的代表性词语。

LM 词典中文翻译中的词语多为金融领域的专有词汇，与金融联系极为密切，这部分词语在通用情感词典中是极为少见的。通用情感词典筛选得到的词语则多为日常语境中常见的情感词汇，这些词汇在金融语境下出现的概率仍然较大，而且情感意义保持一致，因此也被纳入金融情感词典中。

word2vec 词典扩充得到的词语则为前两部分词语的有力补充。与 **LM 词典**的中文翻译词语相比，这一部分词语与金融语境也有很强的相关性，但是词语的口语化与习语化特征更为明显，而 **LM 词典**的中文翻译词语则相对更加正式。通过表中词语特征，我们可以看出，**LM 词典**中文翻译、通用情感词典筛选与 word2vec 词典扩充三部分词语特征差别较大，它们互为补充，共同构成了一个完善的中文金融情感词典。使用该词典可以自行替换代码中的 pos 词典和 neg 词典。

金融场景主要关注的是投资者对市场未来是乐观还是悲观，即"看涨"还是"看跌"。这种特殊的情感极性每天都在变化，而所修饰的对象亦有不同。例如：对于石油减产，看涨的是石油开采公司的股票；对于石油增产，看涨的是二次炼油或加工的下游企业股票。这时我们需要通过定期提取的方式更新金融领域专用情感词表（简称金融词表）。

金融词表需要隔段时间就更新，那么是否有办法自动化运行更新呢？这里介绍一个小技巧：在自然语言处理中，有一种无监督学习新词的方法，称为"新词发现"。假设你用过搜狗或百度等具有联网功能的输入法，它们隔段时间总是会推送告知更新了多少新词，其中就用到了"新词发现"技术。本章并不讨论"新词发现"技术的细节，我们直接使用开源数据库 smoothnlp，并附上代码和输出，结果如下。

```
from smoothnlp.algorithm.phrase import extract_phrase
f=open('./data/新闻集样本10k.txt','r')
lines = f.readlines()
top200=extract_phrase(lines,top_k=200)
print(top200)
            a = i + 1
```

输出结果如下。

'平台', '游戏', '消费者', '服务', '亚马逊', '技术', '市场', '广告',

'阿里巴巴', '公司', '已经', '短视频', '科技', '浏览器', 'CEO', '内容', '供应链', '互联网', '系统', '可以', '团队', '选择', '甚至', '苏宁', '营销', '今日头条', '汽车', '腾讯', '虽然', '搜索', '京东', '网络', '包括', '健康', '直播', '开始', '非常', '战略', '合作伙伴', 'APP', '周鸿祎', '微信', '共享单车', '支付宝', '渠道', '自动驾驶', '电商', '苹果', '粉丝', '阿里', '购买', '瑞幸咖啡', '教育', '提供', '爱奇艺', '李彦宏', '补贴', '区块链', '实现', '蚂蚁金服', '百度', '集团', '手机', '管理', '通过', '酒店', '软件', '迅速', '金融',

可以从结果中挑出合适的词添加到金融词表中。

第 3 节　基于词向量与句向量的新闻分析

从前文我们了解到，基于词典的情绪提取方法只能捕捉表层特征。此外，因为词典法直接依赖于从词粒度中提取情感特征，所以存在颗粒度较粗、精度有限，无法很好地处理多重否定或多实体远距离关联之类的问题。然而，词典法的优势也很明显。与深度学习方法相比，词典法非常直观，具有很好的可解释性，也便于金融分析师使用。在金融分析中，可解释性具有重要意义。

得益于深度学习的发展，目前针对文本的情绪提取的预训练语言模型（如 BERT）可以很好地同时捕捉**句法层特征**和**语义层特征**，从而实现更细颗粒度和更高精度的情绪捕捉。

基于机器学习的情绪提取

基于机器学习的情绪提取是典型的自然语言处理任务——文本分类，整体流程大致可以分为以下四步。

第一步，文本预处理。剔除文本中的噪声、大小写归一、半角全角归一等，以方便后续的处理。

第二步，分词。以中文为例，一般有三种分词方式：以字为单位进行分割、以词为单位进行分割或者按照连续 N（3~5）个字进行分割。后面两种方式可以在一定程度上解决 OOV（Out Of Vocabulary）的问题。

第三步，编码。文本经分词之后仍然以符号的形式存在，无法参与数值运算，因此还需要进一步编码。常见的编码方式可分为三种，分别是独热编码、TF-IDF 编码以及词嵌入（word embedding）。而使用比较广的模型有 word2vec、FastText 以及 BERT，它们均使用词嵌入方法作为输入。

第四步，分类。不同算法对应着不同的文本模型。一般而言，在采用逻辑回归、SVM等传统机器学习算法时，可以将输入文本视为词袋模型；而采用 CNN、LSTM 等神经网络模型时，则可以将文本作为序列输入模型中。

这部分代码[11]包含了以 BERT 为基础的多种编码模型，并搭配了多种上层构型，各位可以参考各模型不同的结果，如表 3-1 所示。

表 3-1　各模型不同的结果

模　　型	loss	acc	f1
BertOrigin(base)	0.170	94.458	94.458
BertCNN (5,6) (base)	0.148	94.607	94.62
BertATT (base)	0.162	94.211	94.22
BertRCNN (base)	0.145	95.151	95.15
BertCNNPlus (base)	0.160	94.508	94.51

如何将情绪应用在股票中

将情绪应用在股票中有很多方法，上文提到的情绪与股价走势反向运动是一种方法，但并不是在所有阶段，也不是所有股票的股价走势都与情绪是反向的，那么股票新闻的波动与股票价格的波动是否存在一种关系？这种关系是否有规律？这种规律能否量化出来？这里给出一个简单的思路，即相关性筛选的思路，如图 3-6 所示。

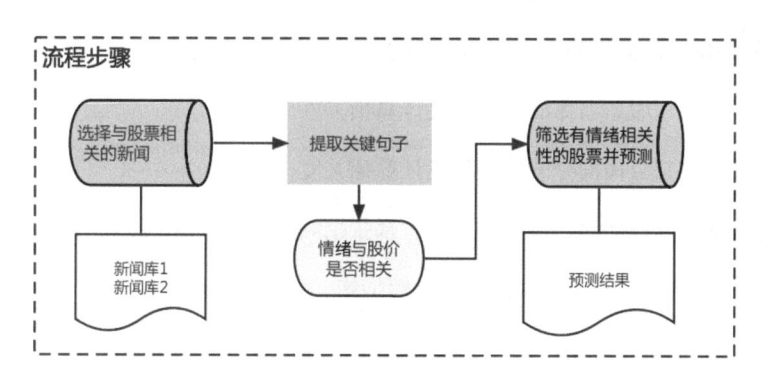

图 3-6　情绪提取策略流程及相关性筛选的思路

情绪计算与应用的整体步骤如下。

① 选择与股票相关的新闻；

② 从新闻中提取与股票相关的句子，计算句子的综合情绪极性；

③ 判断情绪和股价是否有线性相关性（方向相同或相反）；

④ 加入新闻权重进行预测。

根据该思路，我们需要解决两个问题：

第一，如何计算出代表股票目前情绪的向量？

第二，如何将向量与股价相关联？

针对第一个问题，有如下解决思路。

（1）计算每篇文章的向量。

首先，我们爬取一些新闻与评论，经过分词和预处理后以 word2vec 和 FastText 算法分别训练所有内容，可得到每个词的向量。这一步之前的预处理需要过滤一些非关键词，可采取如下两种方法处理。

- 仅仅使用停用词典过滤（如"了""好的""那么""这个"等词）；
- 除停用词典外，还使用 set 方法去除每篇文章的重复词。

经以上处理后再将剩余的词转词向量，并全部加和代表这些内容的向量。

注意，此处还有新闻发布时间的处理问题，如遇到未开盘时发布的新闻，就将其加入上个日期中；比如周六日中国股市不会开盘，但也会有相关的新闻或公告，我们就将新闻加入前一个股票开盘日中，即上周五的新闻内容向量中。

（2）获取内容的向量后，计算哪些新闻与这只股票相关，有如下几种方法。

- 使用内容与股票名称的关联程度计算相关度；
- 使用内容与公司简介的关联程度计算相关度；
- 分别使用欧氏距离、曼哈顿距离、余弦相似度等计算相关度。

（3）分别抽取关联程度较高的句子计算情绪。

根据以上步骤，计算出每日的平均情绪如下（以 000503 为例）。

```
time,情绪,计数,情绪平均
01-01,7.561667560914661,11,0.6874243237195147
01-02,3.677129028489487,6,0.6128548380815811
01-03,28.585103055861463,43,0.6647698385084061
01-04,35.920771985898554,67,0.536130925162665
01-05,39.992289278437916,67,0.5968998399766853
01-06,17.16681192793859,33,0.5202064220587451
```

```
01-07,32.9391994860446,70,0.47055999265778
01-08,28.58031480705341,60,0.4763385801175568
01-09,4.688447170972579,7,0.669778167281797129
01-15,16.53783368090685,26,0.636070526188725
01-16,13.713860722475152,23,0.5962548140206588
01-17,9.034422568411015,12,0.7528685473675846
```

用平均情绪和每日股票价格对比,可以从对比结果中发现以下规律。

(1)以制造业为主的股票价格,与内容的相关性比较紧密,大致呈正相关性。

(2)比较热门的股票,例如 2021 年的酒类股票(非茅台这样的大盘股)、2021 年的新能源,与情绪的相关性都比较紧密,容易受情绪的影响,但并不是一直呈正相关性,而是正负相关性均有。

(3)大盘股受情绪的影响比较小。

将以上情绪加入整体模型中,与技术指标(例如股票的 OHLCV 数据)一起计算,便形成了一个包含情绪与技术特征的模型结构。此处并不需要将情绪结果加入模型,而是将文本句向量加入模型。需要注意的是,各股票技术指标与市场情绪的相关性并不统一。利用市场情绪的最简单的方法就是将文本句向量加入模型,即将文本的 300 维向量连接(concat)到原有股票技术特征后面,使用神经网络来处理复杂的多向量输入,最终得到的完整架构如图 3-7 所示。

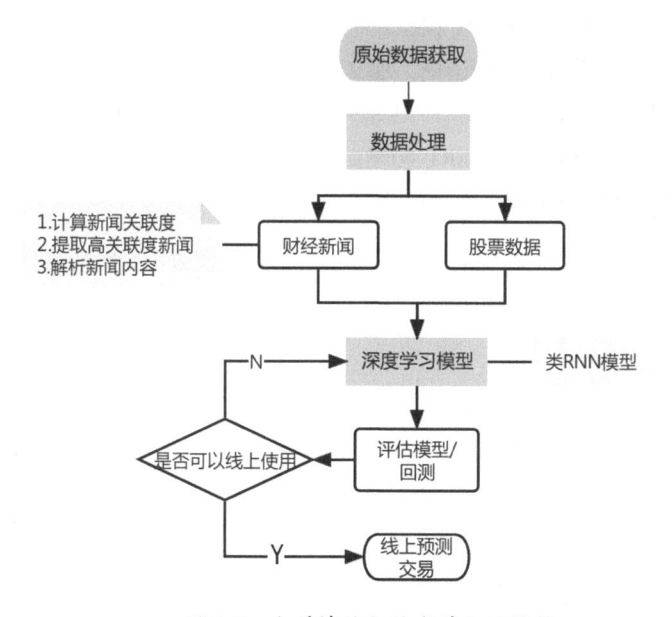

图 3-7 合并情绪与技术特征的结构

第 4 节　其他的情绪识别思路

上文的各类情绪识别方法已经在广大基金公司、私募公司应用，除了这些比较成熟的算法，还有一些新兴的情绪识别的思路也值得学习[13]。例如，通过分析公司 CEO 发言稿中选择的字词和说话时的语气发现更多财报细节，进而更好地交易。此方法的大致思路如下。

用算法分析 CEO 的发言语调、节奏和重音，再结合 NLP 技术将语音转录文字的版本与发言文字稿进行对比，找出口头表述和字面表述不一致的部分。

日本一家证券公司使用了相似的思路：他们记录了 2014 年以来公司高管在电话会议上的文本信息，计算其文本复杂度和股价的关系，结论是使用简单措辞的公司股价要比使用复杂措辞公司的股价高出 6%。

美国银行也利用电话会议中出现的词汇来预测公司债券违约率。他们的模型也证明了削减成本（cost cutting）、烧钱（cash burn）这类词与公司未来出现违约行为有高度相关性。

除了金融领域的情绪识别应用，处理文本的基础模型也发展迅速，目前应用范围比较广的是文本预训练模型，如 BERT 模型。不过 BERT 开发和训练主要面向通用文本，对于金融类文本来说并不是一个好选择。那么是否有专门针对金融类文本的预训练模型呢？大家可以了解一下 FinBERT 模型，这是专门用于分析金融类文本情绪的模型。它通过以金融领域的文本进一步训练 BERT 构建而成。它使用大型金融语料库，并对其进行微调以适应金融情绪分类等任务。

有关详细信息，请参阅 FinBERT：使用预训练语言模型进行金融情绪分析[14]。

第四章
用深度学习指导交易

> 本章我们尝试利用典型的神经网络来构造股价预测系统，并给出股票操作的建议，继而尝试构建一个可用于交易的系统。

第1节 基础深度模型

时间来到 2022 年，在国内，无论是私募基金公司还是个人投资者，他们对神经网络的运用已经越来越普遍。对本书的读者而言，不需要深入掌握太多原理，只要了解基本概念及各种算法的适用场景，以及为何适用这样的场景就可以了。我们要做的是在实际市场中操作，不管是开发算法还是交易系统，并在实际操作中改进模型。下面我们先了解在金融领域中应用比较普遍的时间序列预测模型。

先了解一下时间序列预测模型：由于历史观测到的特征与未来发生的现象具备一定的因果联系或其他相关性，因此时间序列预测模型将历史情况转化为一系列随时间观察到的数值和特征，并从中发现这种因果联系或相关性。此处因为我们的研究对象来自金融领域，所以与以文本或 DNA 序列等作为输入的数据还有些不同，即如果将金融领域中不同时间段的数据进行替换，可能会对结果产生巨大影响，可见金融领域数据与时间的关系更紧密。所以，学界有许多专门为处理时间序列而设计的技术，包括从显示随时间变化的趋势，到利用时间序列结构的深度学习模型，下面分别阐述。

（1）ARIMA 模型

这里的 AR 指的是自回归（Auto Regression）模型，MA 指的是移动平均（Moving Average）模型，把它们组合在一起就是 ARIMA（字母 I 指的是融合 Integrated）。因此，将自回归模型、移动平均模型和差分法相结合，就得到了差分自回归移动平均模型 ARIMA（p、d、q），其中参数 d 是需要对数据进行差分的阶数，参数 p 告诉我们自回归要考虑多少个过去值，参数 q 告诉我们移动平均要考虑多少个过去值。

（2）Prophet 模型

Prophet 是 Meta 开发的一种算法，用于内部预测不同业务的时间序列值，它是专门为业务时间序列的预测而设计的，是由四个函数组成的加法式：

$$y_t = g(t) + s(t) + h(t) + \varepsilon_t \text{。}$$

分别由趋势性信息 $g(t)$、季节性特征 $s(t)$、节假日特征 $h(t)$ 构成主要部分，最后的参数 ε_t 代表模型无法解释的随机波动。本模型在推荐领域较常用。

(3)类 RNN 模型

类 RNN 模型接收的是一段包含时间范围的特征输入,输入层 x 接收初始的数据输入,对其进行处理并将其传递到中间层。中间层 h 可以由多个隐藏层组成,每个隐藏层都有自己的激活函数、权重和偏差。循环神经网络(RNN,参见图 4-1)对不同的激活函数以及权重和偏差都进行标准化处理,以使每个隐藏层都具有相同的参数。

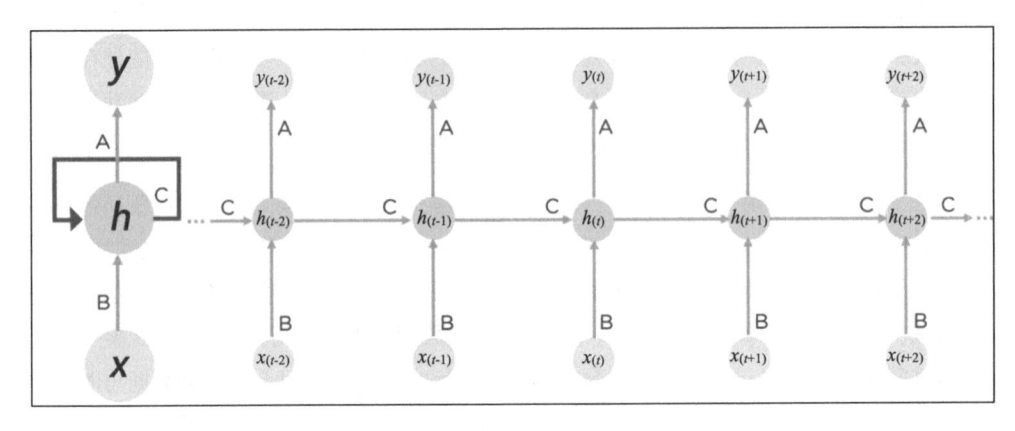

图 4-1 循环神经网络

这样虽然能进行时序预测,但因为权重随着时间的累积,会更容易导致梯度消失或爆炸(梯度消失或爆炸都是由于相同函数多次组合而导致的极端非线性行为),并且模型会因为梯度问题无法捕捉更长期的信息。我们在 RNN 的基础上重新设计每个单元,加入遗忘、输入输出等处理开关(gate),以解决基础 RNN 的遗留问题,基于 RNN 并替换了每个单元的网络就是 LSTM 网络,如图 4-2 所示。

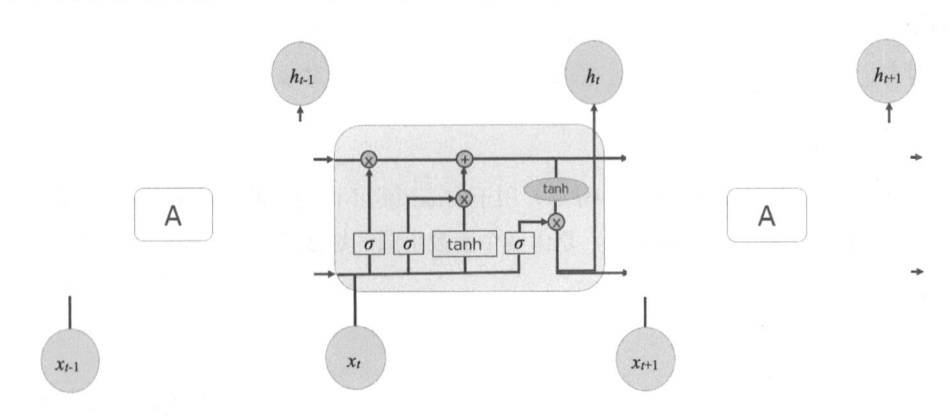

图 4-2 LSTM 网络

从图 4-2 可以看出,LSTM 也有一个和 RNN 类似的在时间线上的传播链结构,但是它的每个单元结构比 RNN 中的更复杂。

第 2 节　LSTM 可以用来选股吗

本小节我们利用 LSTM 网络构建一个单层结构，验证它是否可用于选股。这里选用 Google 2016 年—2017 年的股票数据作为模型基础数据。

```
df = pd.read_csv('../dataset/GOOG-year.csv')
df.head()
```

表 4-1　股票数据

	Date	Open	High	Low	Close	Adj Close	Volume
0	2016-11-02	778.200012	781.650024	763.450012	768.700012	768.700012	1872400
1	2016-11-03	767.250000	769.950012	759.030029	762.130005	762.130005	1943200
2	2016-11-04	750.659973	770.359985	750.560974	762.020020	762.020020	2134800

先将这些数据进行简单的归一化，代码如下。

```
minmax = MinMaxScaler().fit(df.iloc[:, 4:5].astype('float32')) # 只取 close 那一列
df_log = minmax.transform(df.iloc[:, 4:5].astype('float32')) #将数据归一化
```

准备好数据之后，我们先定义一个 LSTM Cell，这个 LSTM Cell 是支持多层的；然后定义 dropout 层；除 dropout 层外，对 LSTM 的每个隐变量也定义其 dropout 参数；再定义一个输出 dense 层，最后直接输出收盘价 close 的具体值。

```
        def lstm_cell(size_layer):
            return tf.nn.rnn_cell.LSTMCell(size_layer,
state_is_tuple = False)

        rnn_cells = tf.nn.rnn_cell.MultiRNNCell(
            [lstm_cell(size_layer) for _ in range(num_layers)],
            state_is_tuple = False,
        )
        self.X = tf.placeholder(tf.float32, (None, None, size))
        self.Y = tf.placeholder(tf.float32, (None, output_size))
        drop = tf.contrib.rnn.DropoutWrapper(
            rnn_cells, output_keep_prob = forget_bias
        )
        self.hidden_layer = tf.placeholder(
            tf.float32, (None, num_layers * 2 * size_layer)
        )
```

```
        self.outputs, self.last_state = tf.nn.dynamic_rnn(
        drop, self.X, initial_state = self.hidden_layer, dtype = 
tf.float32
        )
        self.logits = tf.layers.dense(self.outputs[-1], 
output_size)
```

按以下超参设定模型参数，并训练 300 个 epoch，代码如下。

```
simulation_size = 10
num_layers = 1
size_layer = 128
timestamp = 5
epoch = 300
dropout_rate = 0.8
test_size = 30
```

simulation_size 定义了每训练 10 次就使用当前的模型在测试集上预测结果，代码如下。

```
results = []
for i in range(simulation_size):
    print('simulation %d'%(i + 1))
    results.append(forecast())
```

根据上面的参数，一共需要模拟预测 300/10=30 次。30 次太多了，而且对于大多数效果不好的模拟我们也不希望将其打印出来，所以为稳定训练和预测的过程，需要再对数据进行一些处理。可以使用规则过滤不稳定的结果，这里我们使用一种简单而有效的规则：如果预测趋势中的结果之一低于所有数据的最小值，或者如果预测趋势中的元素之一大于所有趋势最大值的 2 倍，则将这些结果或元素过滤掉。

按以上规则过滤后，剩下 6 种预测结果，如图 4-3 所示。从中可以看出预测结果的准确率非常高，达到 98%。但这里仍有两个问题。第一个问题是模型有一次完全预测"飞"了（2017 年 10 月之后的为预测数据），也就是说预测曲线和实际情况差距太大——这说明 LSTM 或者至少单层的 LSTM 无法很好地反映股价走势，即使能拟合好之前的数据，也有可能在未来的预测中找不到正确的方向。

第二个问题则比较隐晦，虽然将 LSTM 作为模型所预测的结果准确率很高，但从图像上来看，有点像是原有股价趋势线的平移，这不仅令人怀疑 LSTM 的效果：是否层数不够或者 LSTM 结构导致了预测拟合问题。为了验证这一假设，我们再使用双向 LSTM 来进行测试，详见下一节。

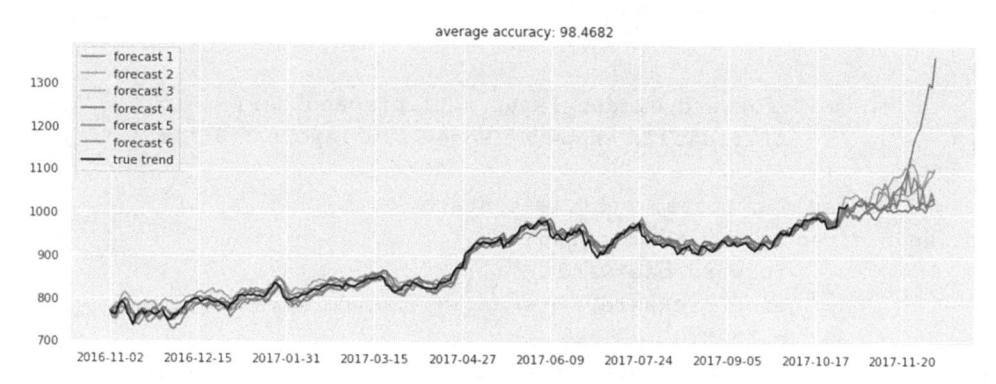

图 4-3　单向 LSTM 的预测结果

第 3 节　双向 LSTM 是否会更好

下面的代码和上文的所有代码及超参数均保持一致，比较明显的变化是我们将原有的单向 LSTM 改为双向结构。

```
        def lstm_cell(size_layer):
            return tf.nn.rnn_cell.LSTMCell(size_layer,
state_is_tuple = False)

        backward_rnn_cells = tf.nn.rnn_cell.MultiRNNCell(
            [lstm_cell(size_layer) for _ in range(num_layers)],
            state_is_tuple = False,
        )
        forward_rnn_cells = tf.nn.rnn_cell.MultiRNNCell(
            [lstm_cell(size_layer) for _ in range(num_layers)],
            state_is_tuple = False,
        )
        self.X = tf.placeholder(tf.float32, (None, None, size))
        self.Y = tf.placeholder(tf.float32, (None, output_size))
        drop_backward = tf.contrib.rnn.DropoutWrapper(
            backward_rnn_cells, output_keep_prob = forget_bias
        )
        forward_backward = tf.contrib.rnn.DropoutWrapper(
            forward_rnn_cells, output_keep_prob = forget_bias
        )
        self.backward_hidden_layer = tf.placeholder(
            tf.float32, shape = (None, num_layers * 2 * size_layer)
        )
```

```
        self.forward_hidden_layer = tf.placeholder(
            tf.float32, shape = (None, num_layers * 2 * size_layer)
        )
        self.outputs, self.last_state =
tf.nn.bidirectional_dynamic_rnn(
            forward_backward,
            drop_backward,
            self.X,
            initial_state_fw = self.forward_hidden_layer,
            initial_state_bw = self.backward_hidden_layer,
            dtype = tf.float32,
        )
        self.outputs = tf.concat(self.outputs, 2)
        self.logits = tf.layers.dense(self.outputs[-1],
output_size)
```

结果如图 4-4 所示，整体准确率反而降低了，但是能看出来预测值基本上仍是稳定的，呈现一种平稳的上下波动的走势。

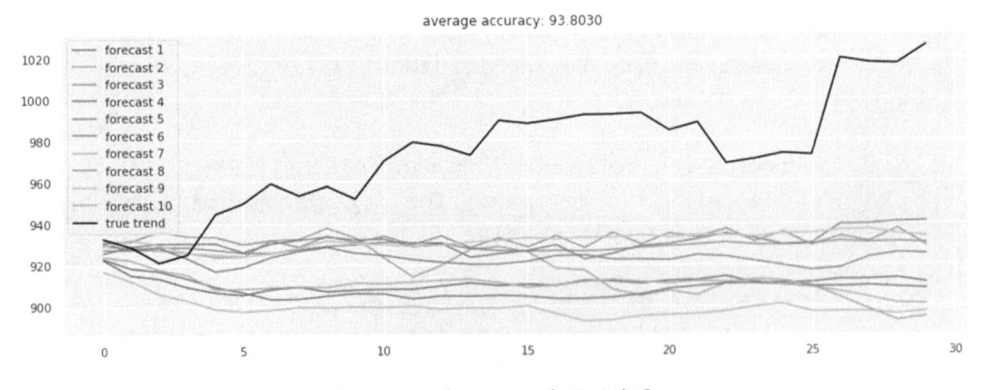

图 4-4 双向 LSTM 的预测结果

看来双向 LSTM 结构仍然不是我们想要的，需要继续在结构上探索。

第 4 节　GRU 优化了什么

在前文介绍的 RNN 模型中，纯 RNN 模型很难捕捉到长时依赖（long-term dependencies），因为梯度要么消失（大多数情况）了，要么就爆炸（很少）了，这使得基于梯度的优化方法很难优化模型。这不是由于梯度刻度方面的变化，而是由于长时依赖（long-term dependencies）的效果基本被短时依赖（short-term dependencies）的信息"替代"了。

而 RNN 之后的 LSTM 最主要的特征是从时间片 t 到时间片 $t+1$ 的更新，这是传统的循环单元所没有的。传统的循环单元一直用一个新值来替换一个单元的内容。这个值是由输入和先前的隐藏状态共同计算得来的，且 LSTM 会保存已学习到的记忆，在此基础上添加新学习的内容。上面所说的 LSTM 单元的特点在另一种新的 RNN 单元——GRU 单元上也都具备。GRU 单元的网络有以下两个优点。

第一，在一个长序列步（a long series of steps）的输入流中，每个单元很容易记得现有的一些特定特征。所有重要特征要么由 LSTM 的遗忘门决定，要么由 GRU 的更新门更新，它们不会被重写，只是被维护更新。

第二，这个额外的单元有效地创造了跨越多个时间步的快捷路径，这些路径很容易使错误反向传播，让错误不至于迅速消失（门单元将近饱和为 1），这是因为我们直接穿过了多个有界非线性单元，这个结构减少了由于梯度消失所带来的困难。

但与 LSTM 单元对比，GRU 单元也有以下两点不同之处。

第一，LSTM 单元的一个门可以控制并保留规定数量的前期记忆的内容（exposure of the memory content），这一功能在 GRU 中是没有的。在 LSTM 单元中，记忆内容的数量是由输出门控制的，但 GRU 是把所有的记忆内容都保留下来，没有进行控制，换句话说，GRU 相对 LSTM 能保留更长期的序列信息。

第二，输入门（input gate）的位置，或者与之对应的重置门（reset gate）的位置不同。LSTM 单元计算新的记忆内容时，它不会控制从上一时间步传来的信息数量，而会控制有多少新的内容被添加到记忆单元（memory cell）中。LSTM 的记忆单元和遗忘门是分开的，而在 GRU 中这不是分开的。

综上，看起来 GRU 减少了门的数量，控制机制也不同，这会导致 GRU 单元的预测结果不好吗？我们来看下面利用 GRU 模型绘制的结果曲线。图 4-5 为 LSTM 的预测结果曲线，图 4-6 为 GRU 的预测结果曲线。使用同样的训练数据、同样的预测数据，可以很明显地看到 GRU 的结果更加拟合真实价格，说明 GRU 的预测结果好于 LSTM 的预测结果。因此这验证了单元内门的数量并不是越多越好。

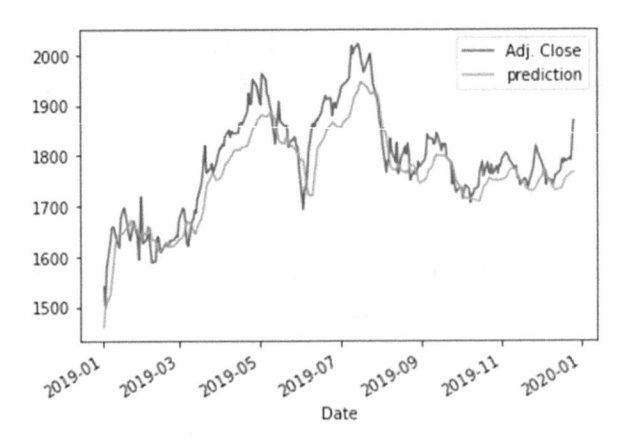

图 4-5　LSTM 的预测结果（用于对比）[15]

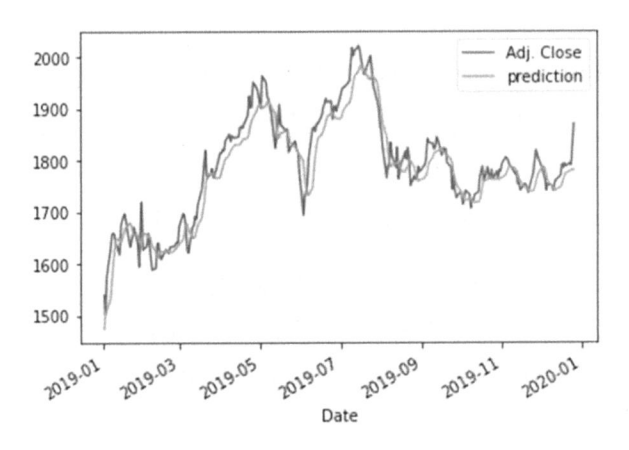

图 4-6　GRU 的预测结果[15]

第 5 节　集成的 CNN 结构

除时序模型 RNN（LSTM、GRU 等）外，CNN（卷积神经网络）结构也是股价预测中的常见模型结构。CNN 被发明出来主要是用于图像处理，它由卷积层和池化层组成。卷积层可以理解成多种过滤器，各种过滤器有效地构建了网络，信息在流经网络的每一层时，越来越多的图像（特征）会被各卷积层捕捉到。例如，CNN 的第一层可以理解轮廓和边界，第二层开始理解形状，第三层能识别物体。卷积层和池化层的特性使得模型能准确识别图片中的物体本身，无论它们出现在图片中的哪个位置或者旋转成什么角度。CNN 的这个特性使它能够撇开很多输入噪声，因此理论上有可能用它找到股价的准确未来趋势。

CNN 可以从各个维度提取整体的特征。前文提到 LSTM 具有按时间顺序提取特征的能力，它在表示时间流逝的特征序列中能起到不错的作用。从理论上看，LSTM 与 CNN 有很强的互补性，那么能否结合这两者的优点呢？下面我们尝试建立基于 CNN-LSTM 的股票预测模型，该模型结构如图 4-7 所示，主要结构为 CNN 和 LSTM，包括输入层、一维卷积层、池化层、LSTM 隐藏层、全连接层。

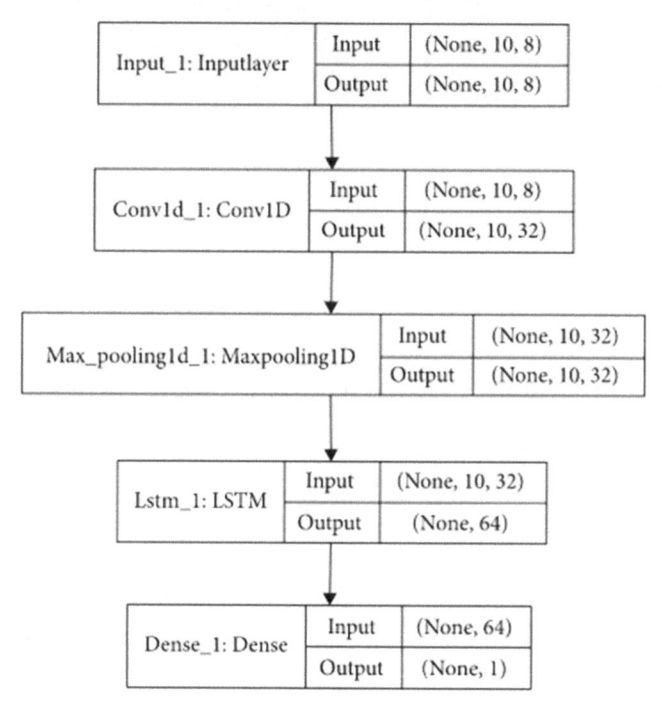

Input_1: Inputlayer	Input	(None, 10, 8)
	Output	(None, 10, 8)

Conv1d_1: Conv1D	Input	(None, 10, 8)
	Output	(None, 10, 32)

Max_pooling1d_1: Maxpooling1D	Input	(None, 10, 32)
	Output	(None, 10, 32)

Lstm_1: LSTM	Input	(None, 10, 32)
	Output	(None, 64)

Dense_1: Dense	Input	(None, 64)
	Output	(None, 1)

图 4-7　CNN-LSTM 结构

单层 LSTM 结构模型与 CNN-LSTM 结构模型的预测结果分别如图 4-8 和图 4-9 所示，可以看到使用 CNN-LSTM 结构模型的结果在准确率和错误率上，都比在单层 LSTM 结构模型下的提升了不少。

接下来看几个利用了 CNN 或 LSTM 结构的稍微复杂的例子。在实际股票预测中，我们常常需要将分钟线（或 tick 数据）与日线结合起来考虑，那么怎么结合这两类数据会比较合适呢？

下面阐述的第一个结合的网络结构里主要有两大分支结构：一个分支处理分钟数据，一个分支处理日数据，两个分支的模型结构完全一样，区别仅在于输入数据的时间级别，如图 4-10 所示。

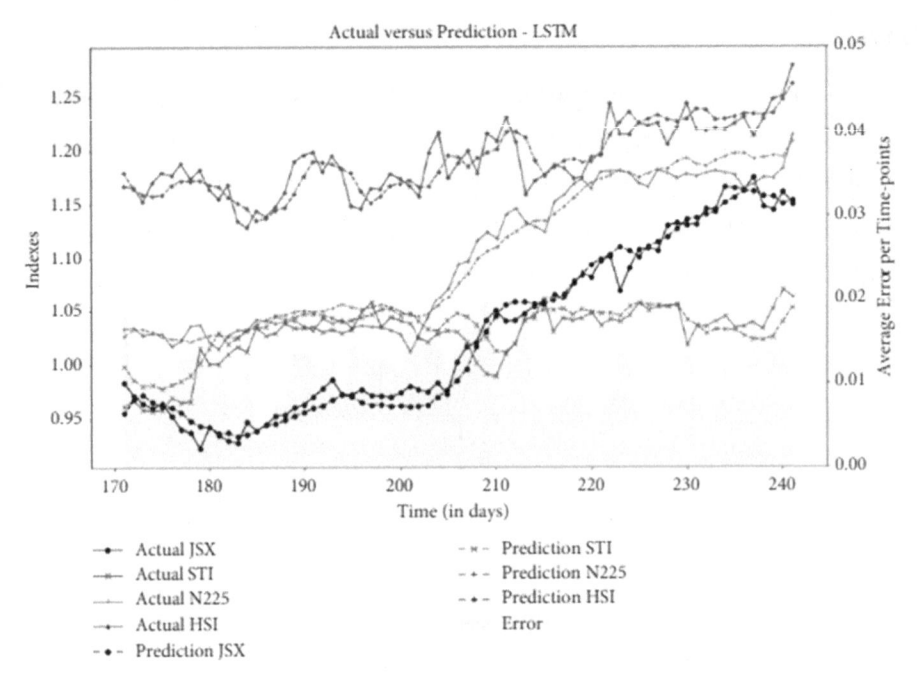

图 4-8　单层 LSTM 结构模型预测结果[16]

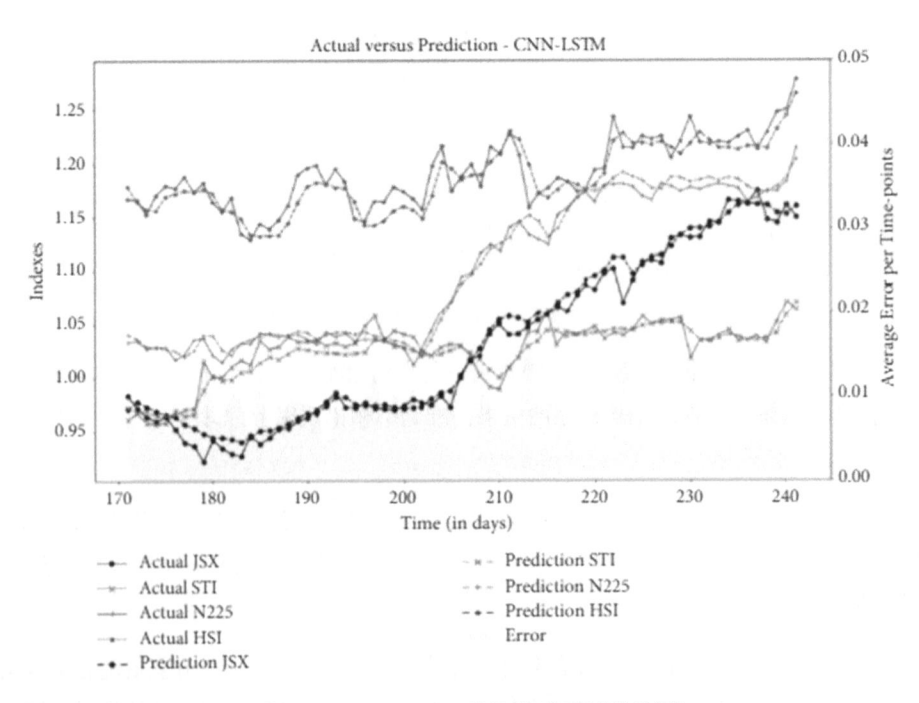

图 4-9　CNN-LSTM 结构模型预测结果[16]

图 4-10 模型结构全景

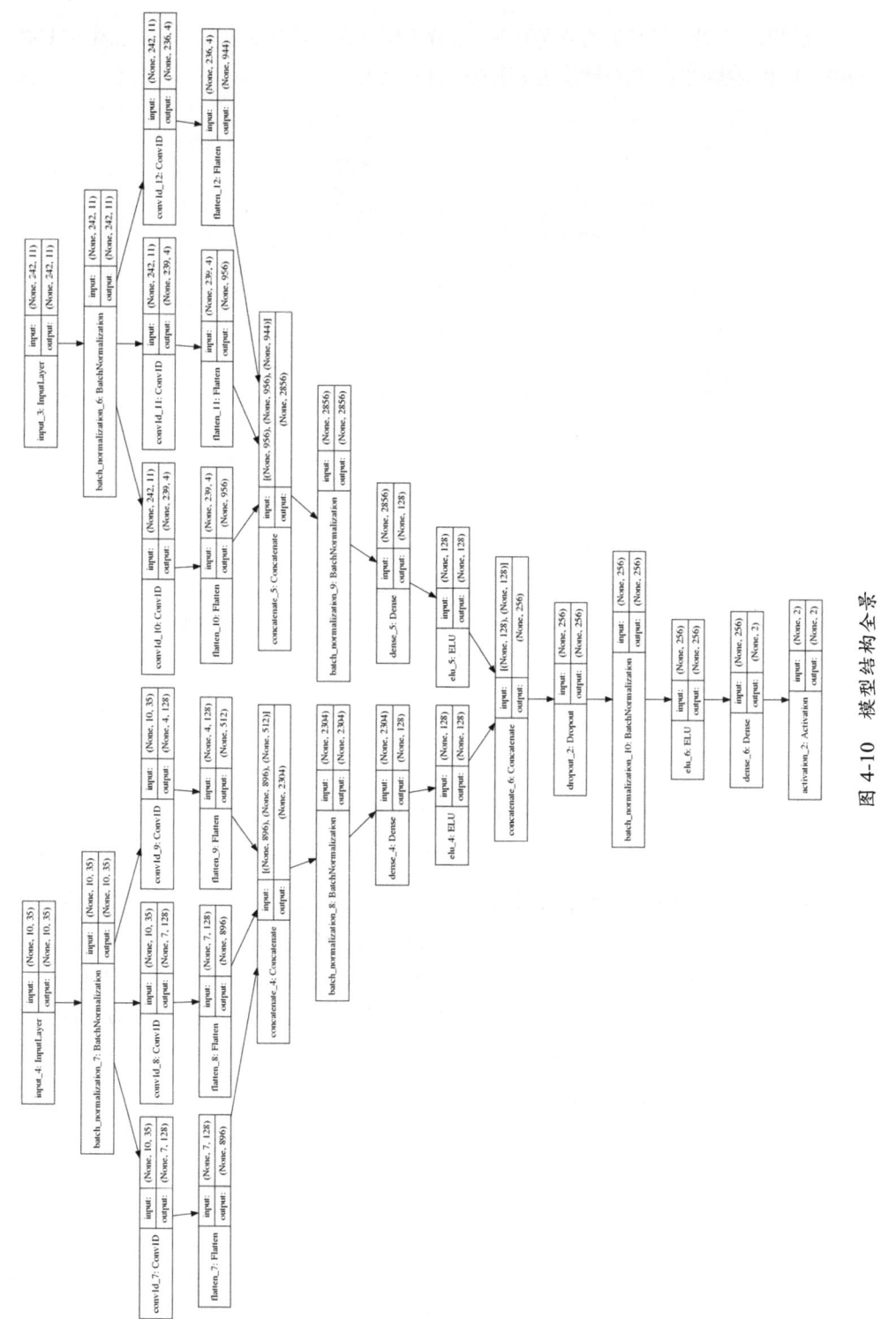

我们以其中处理日数据的分支为例，来分析模型的主要分支结构，请参见图 4-11 中的模型日数据结构图（和分钟线结构图对称且一致）。

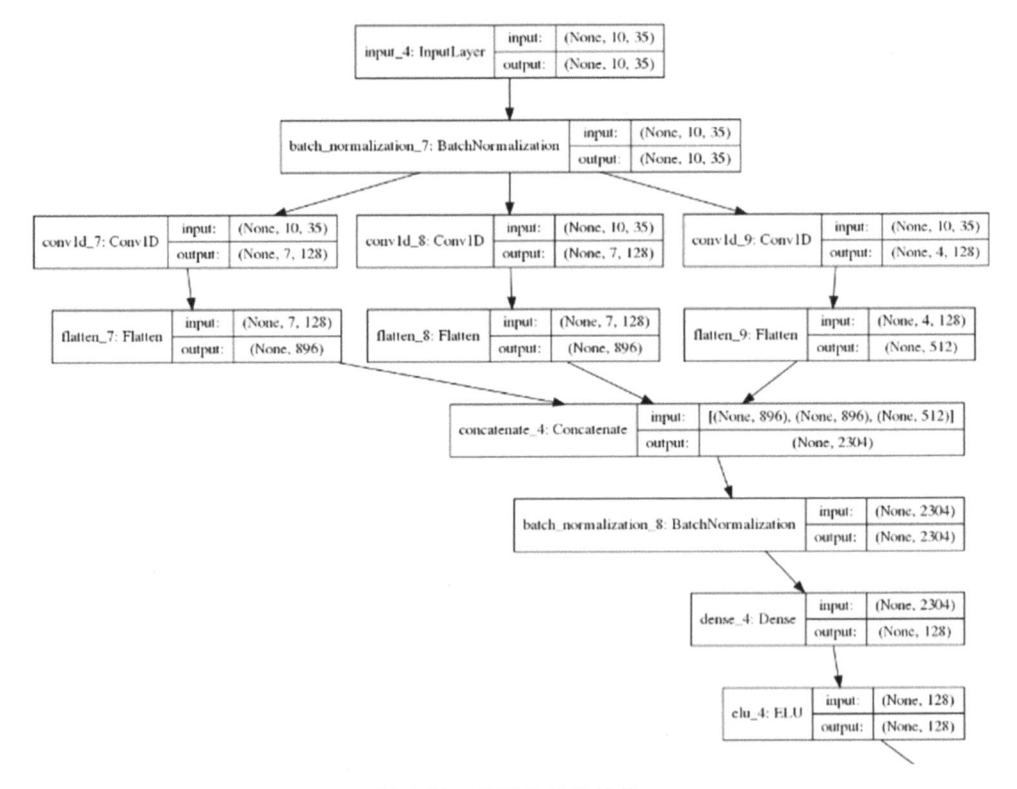

```
input_4: InputLayer        input:  (None, 10, 35)
                           output: (None, 10, 35)

batch_normalization_7: BatchNormalization   input:  (None, 10, 35)
                                            output: (None, 10, 35)

conv1d_7: Conv1D    conv1d_8: Conv1D    conv1d_9: Conv1D
input:(None,10,35)  input:(None,10,35)  input:(None,10,35)
output:(None,7,128) output:(None,7,128) output:(None,4,128)

flatten_7: Flatten  flatten_8: Flatten  flatten_9: Flatten
input:(None,7,128)  input:(None,7,128)  input:(None,4,128)
output:(None,896)   output:(None,896)   output:(None,512)

concatenate_4: Concatenate
input:  [(None, 896), (None, 896), (None, 512)]
output: (None, 2304)

batch_normalization_8: BatchNormalization   input:  (None, 2304)
                                            output: (None, 2304)

dense_4: Dense    input:  (None, 2304)
                  output: (None, 128)

elu_4: ELU        input:  (None, 128)
                  output: (None, 128)
```

图 4-11　模型日数据结构

从图 4-11 中可以看出，在输入层后，紧接了一层 BN 层（BatchNorm，主要做归一化操作），然后算法做三种不同维度的卷积计算。这里利用 CNN 的特性，希望获得更综合的稳定特征。最后将卷积后的结果拉平（拉成一维）并合并起来输出，加一层 BN 层，再加一层 Dense 层后，与分钟线输出的数据合并（concat）起来。最终输出一个 Dense 层，得到股票涨跌的结果。这个模型应用了 CNN 的卷积结构，而且只用卷积来提取特征。最终联合分钟线与日线数据输出。此模型由于没有 LSTM 层，所以在 GPU 上训练和预测的速度快得多，适合高频量化预测。

再来看一个 CNN 结构与 LSTM 结构结合的例子，如图 4-12 所示。

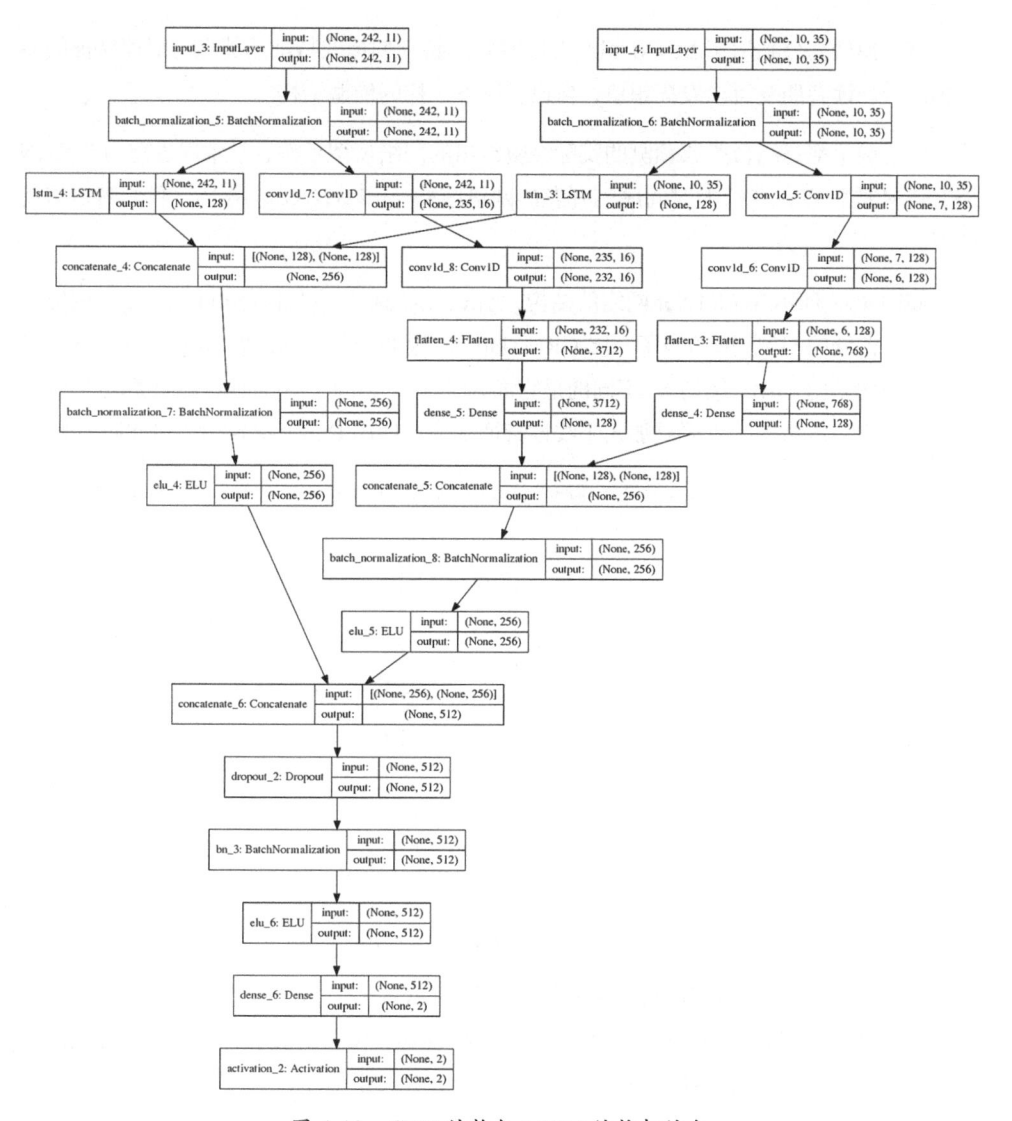

图 4-12 CNN 结构与 LSTM 结构相结合

该模型将日线数据和分钟线数据作为 A 路输入（和之前的模型相比，每一个分支只有 CNN 模型不一样），输出的数据分别作为 LSTM 和一维卷积的输入；分钟线数据的处理与日线数据的处理一致；在特征提取上，使用 CNN 结构提取特征，再将特征输入 LSTM 中；而 B 路输入数据分别同时经过卷积结构与 LSTM 结构。在经由 LSTM 与卷积网络输出后，分钟线和日线的 LSTM 输出结果直接合并（concat），B 路的输出结果做卷积计算，再和上面合并的向量进行合并。也就是将日线数据和分钟线数据分别经由 CNN 结构与 LSTM 结构做不同的处理，或合并向量后做不同的处理。

这个模型充分利用了 LSTM 和 CNN 的特点,将它们提取特征的能力与时序特征的能力相结合。读者朋友可以发挥想象,自己尝试不一样的模型结构。

以上例子都是结合股票预测的实际经验给出的网络模型示例,学术界也有结合 CNN 与 LSTM 的特点,专门为时间序列开发的网络结构——LSTNet 网络[17],我们简单阐述如下。

如图 4-13 所示为 LSTNet 网络的结构,它依然是先利用卷积网络再利用 GRU 网络提取特征(此处的 GRU 网络多了一层 GRU-skip,当然也可以用 LSTM-skip 替代。从性能的角度考虑采用 GRU 结构),不同的是它加入了一个 Linear Bypass,仿照类似 ResNet 的连接结构,该结构内主要是加入了线性特征部分,使用 Dense 层模拟了自回归效果。

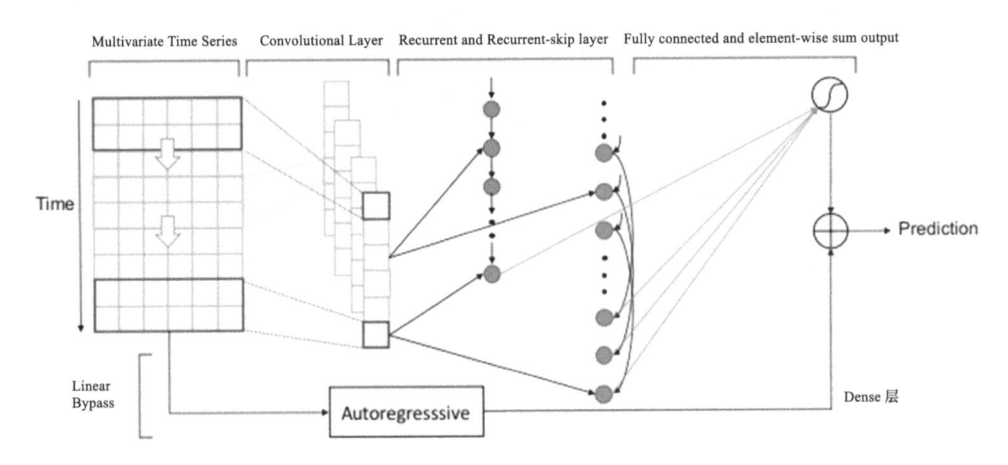

图 4-13　LSTNet 网络结构[17]

LSTNet 网络结构用了相对复杂的特征提取器(CNN 和 GRU)提取细节特征,利用 Dense 线性层提取大概的特征。这样的网络结构也有点像人为分析并判断一只股票的涨跌,即除了看整体均线特征,还要看前一天的全天分时走势图。

第 6 节　关于选股模型的思考

针对机器学习预测或选股,我们需要回答以下问题:

第一,是否应该为每只投资标的建立一个选股模型?

第二,是否应该为所有的投资标的建立一个选股模型?

这两个问题的思考出发点不同。如果我们为每一只股票（投资标的）建立一个模型，那就说明只有该股票的历史数据才能对该股票的未来价格产生影响；而如果要为所有的股票建立同一个选股模型，思考的出发点是利用所有的股票数据得出一个综合模式，这个模式在任意单一股票中都应该是有效的。

那究竟是用所有股票数据训练每一个模型，还是用一只股票的数据训练一个模型呢？成年人不要去做选择题，应该全都要。

接下来再思考如下问题。

第一，LSTM 网络输入的是一个二维矩阵，第一个维度（注意这里指的是维度）是时间长度，第二个维度为特征维度。在特征维度上，我们只考虑 OHCLV 基础指标及其组合维度。至于为什么不使用扩展维度特征，则涉及对深度学习的理解。神经网络的结构就是来帮我们提取深度特征的，那么是否还需要人工提取股票数据中的二阶特征呢？

第二，对于 LSTM 模型而言，输入的时间长度是固定的，但是对于股票而言，我们经常观察到 20 日线、10 日线、5 日线的 K 线图各自表达的图形是不一样的，根据不同时间长度的 K 线所做的支撑线和阻力线也是不同的，即不同的 K 线图有不同的箱体结构。那么，LSTM 算法能否表达不同的箱体结构，即能否表达不同时间段的特征呢？如果能，那么具体应该如何表达？

我们先简单分析算法结构，再根据要解决的问题来选择算法。

首先，RNN 结构能很好地提取序列向量，所以基础结构选用 GRU 或者 LSTM。

其次，考虑到时间序列总是单向流动的（此处不考虑 RNN 在提取文本向量的时候也使用双向结构的情况），所以选用单向 GRU 或 LSTM。

再次，针对 LSTM 输入只能是一个固定时间长度的问题，我们尝试直接在模型内充分考虑近期目标和远期目标。

在以下代码中，我们使用 Lambda 函数将日期划分成三部分输入，分别为 5 天、10 天、22 天。

```
if days > 5:
        days_input5 = Lambda(slice, arguments={'n':
-5})(days_seq_input)
    if days > 10:
        days_input10 = Lambda(slice, arguments={'n':
-10})(days_seq_input)
    if days > 22:
        days_input22 = Lambda(slice, arguments={'n':
```

```
-22})(days_seq_input)
```

至于为什么要选择这 3 种时间范围,是有一定原因的。5 日基本是一周的运行周期,10 日是两周的运行周期,20 日或 22 日是一个月的运行周期,这几个日期跨度的选择分别考虑了短周期性、中周期性和较长周期性。这只是一个简单示例,读者可以根据实际情况自由划分时间周期,或直接输入日线、周线、月线。

除选择基础算法、筛选输入之外,还可以对算法结构进行优化。

第一,算法结构中使用了 BN 层以保证向量合并后的一致性,保证 3 种日期跨度对结果的影响平均性。BN 层的使用在前文提到的 CNN 网络中有所体现。

第二,还可以加入 dropout 层,系数取 0.4~0.6 作为防止过拟合的设置。

根据我们的设想画出网络结构图,如图 4-14 所示。

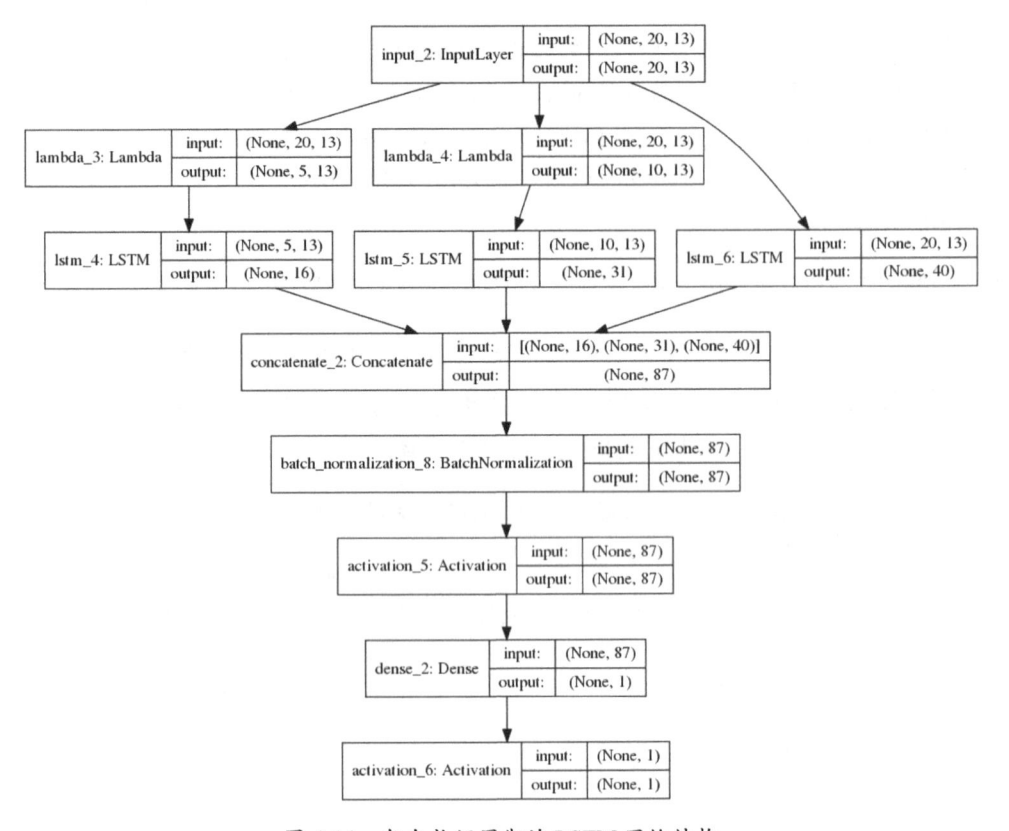

图 4-14 包含长短周期的 LSTM 网络结构

在特征选择部分,简单选用了 OHLCV 的 5 个基础特征、换手率特征,以及 OHLC 的 4 个差值特征,一共正好 10 个特征,代码如下(oneDayLine 为 close 值)。

```
X_delta = X_delta + [oneDayLine[i]]
X_delta = X_delta + [open_price[i]]
X_delta = X_delta + [high_price[i]]
X_delta = X_delta + [low_price[i]]
X_delta = X_delta + [volume[i]]
X_delta = X_delta + [turnover[i]]
X_delta = X_delta + [oneDayLine[i] / oneDayLine[i - 1] - 1]
X_delta = X_delta + [open_price[i] / open_price[i - 1] - 1]
X_delta = X_delta + [high_price[i] / high_price[i - 1] - 1]
X_delta = X_delta + [low_price[i] / low_price[i - 1] - 1]
```

对于输出值 Y 的设定，我们使用最简单的上涨（第二天收盘价大于今天的收盘价）和下跌（第二天收盘价小于今天的收盘价）分类作为最终输出。

我们使用某只股票的数据训练一个模型，再回测这只股票，然后用所有的股票数据分别按照该流程训练模型与回测，并按最后的输出阈值排序决定每日买入卖出什么股票。回测时间范围为 2021 年 5 月—2022 年 2 月，输出结果如图 4-15 所示。

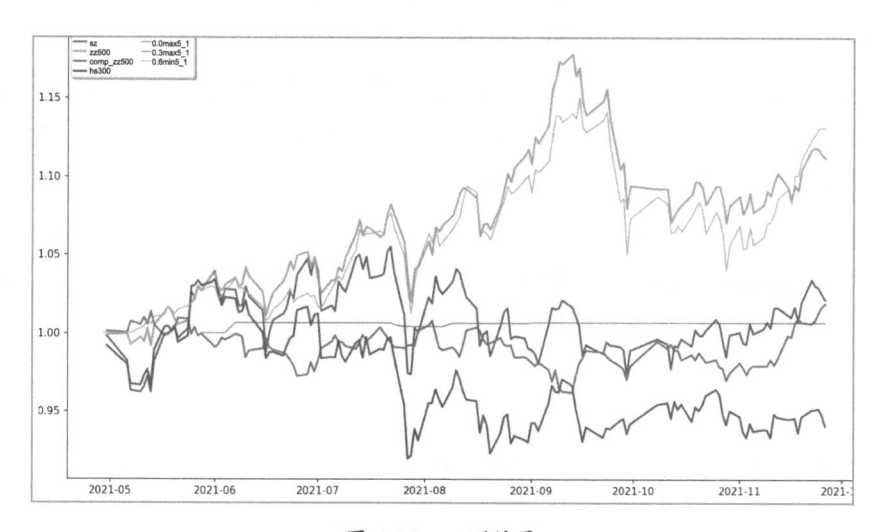

图 4-15　回测结果

可以看到曲线与中证 500 指数比较接近，接近平均线水平。

第 7 节　选股模型改进

上一节我们构建了第一个基于神经网络的选股模型，虽然不尽如人意，但至少踏出了第一步。下面分析整个算法模型中的问题，然后尝试改进。经过简单分析，发现至少存在以下 5 个问题。

（1）单一股票的数据较少。如果选取 2007 年至 2020 年的所有股票数据作为训练集（每一日的数据即为一条训练数据），一共就 3000 多条（一共就 3000 多日），这个数据量无法满足充分训练单层 LSTM 网络的要求，更无法满足一些特别的网络如 Transformer 结构或更复杂结构的训练要求。所以，能否利用所有股票的数据，并且如何利用好所有数据是要研究的第一个问题。

（2）前面我们使用最简单的上涨和下跌二分类作为输出目标，但这种方式合理吗，是否符合波动规律，我们还可以为 Y 值做哪些改变以更贴近实际呢？对于输入的特征 X，还可以有什么变化吗？

（3）本章没有针对极值/异常值进行处理。针对国内的股票应如何处理极值，采用哪种方式去极值更合适？

（4）是否可以使用分钟线作为日线的辅助线，如何引入分钟线数据？

（5）不同学习率、不同激活函数及不同的算法对结构有多大影响？

以上问题可以分为两大类：第一类是数据问题，股票的数据和特征层面是我们获得一个稳定结果的前提，无论是特征工程还是 Y 值的选用。第二类是模型问题，即使用何种基础网络、使用何种学习率和激活函数，可以提高整体结构。

针对第一类问题，可以先从是否能将所有的股票数据作为训练集开始。我们先假设将所有的股票数据作为训练集一起训练，而不是针对每只股票均训练一个对应的模型，如果这样操作会出现什么情况呢，我们继续分析。

归一化

随便截取两只股票，发现不同股票之间的 OHLC 价格相差很大，如下所示。

```
sh.600009,2021-12-31,47.6400000000,47.6600000000,46.6100000000,46.6900000000,9786408,459332967.4000,0.895000
sh.600010,2021-12-31,2.7500000000,2.8000000000,2.7500000000,2.7900000000,480959168,1334136034.9600,1.518300
```

因此，这两类股票数据不能直接放在一起训练，因为在这类数据上训练出来的神经网络必然会对较大数值（47.64）和较小数值（2.75）的权重分配产生偏向性，从而影响最后的预测结果。如果要使用所有股票的数据并将 OHLC 价格变化限制在一个范围区间，那么首先能想到的就是将所有数据归一化。此时需要考虑以下两个问题：

第一，针对每只股票数据，如何分别给它们做数据归一化；

第二，针对所有股票数据的归一化怎么做？

这两个问题的共性之处在于：如何划定数据归一化的范围？笔者考虑过如下实验方案。

实验 1：将所有股票数据放在一起进行缩放。

实验 2：分别缩放每只股票数据，然后再统一归一化。该实验分两个部分，第一部分是将训练集和测试集一起做归一化；第二部分是将训练集与测试集分开做归一化。

实验 3：针对 LSTM 模型，对每次的输入数据以横向范围做归一化，比如 LSTM 输入的是 22 天的数据，就以每 22 个数据做一次归一化；或者我们使用一个超过 LSTM 时间范围（如 60 日）的小尺度滑窗，只在滑窗内做归一化。

实验 4：考虑不同缩放方式对结果的影响。

先介绍应用较普遍的归一化和标准化方法。

（1）归一化

把数据变成（0,1）或者（-1,1）之间的小数。主要是将数据映射到 0~1 范围内处理，这样处理更便捷。但因为这种方法不能直接处理异常值，所以当没有异常值时，归一化是有用的；而对于非均匀分布的值，或异常值比较多的情况，这种等量缩放可能并不合适。

（2）标准化

在数据遵循高斯分布的情况下，标准化比归一化更合适。当然这不是绝对的，需要根据实际情况选择。从几何学上讲，标准化是将数据转化成原始数据的均值向量，也就是将数据缩放成均值为 0、方差为 1 的状态。因为这样的分布仍然是正态的，故分布的形状不受影响。

归一化与标准化的相同之处在于两者都能消弭由于量纲不同引起的误差，并且二者都是一种线性变换，都是对向量 X 按照比例进行再压缩平移。

简而言之，笔者归纳了几个选择要点如下。

第一，如果对输出结果的范围有要求，例如想将所有的数据缩放到（0,1）区间，就用归一化。

第二，如果数据不存在极端的最大、最小值，用归一化比较好。

第三，如果数据存在极端值、异常值或较多噪声，可以用标准化，间接通过中心化屏蔽异常值的影响。

第四，使用模型中的归一化。

前文提到的 CNN-LSTM 模型结构中的 BN 层也是归一化的另一种实现形式：即对每一批数据进行归一化。数据归一化操作一般都放在数据输入之前，即对输入的数据进行归一化，而 BN 层的出现则允许我们可以对网络中任意一层输出向量进行归一化处理，最小批量梯度下降里面的"批量"以及批量归一化中的"批量"其实是一样的，均是采样一小批数据，然后每次只对该批数据进行归一化处理。

进行归一化处理的代码如下。

```
X_clf = preprocessing.MinMaxScaler().fit_transform(X_clf)
X_clf = preprocessing.StandardScaler().fit_transform(X_clf)
```

按以上实验方案分别输出了结果，下面我们简单分析一下。

- 实验 1 的结果

实验 1 的结果并不太好，6 个月的回测结果低于沪深 300 指数，而且交易特征比较明显，即每天交易的股票集中在为数不多的 10~20 只中，其他股票都没有交易机会。这是由于将所有股票集中归一化，导致模型偏向于学习输入数据数值比较大的股票，而那些数值比较小的股票由于每次产生的绝对变化较小就"无人问津"了。这个实验结果告诉我们，如果不处理存在数值差异的股票、或者只是简单处理，就不能把它们放在一起训练。这些存在数值差异的数据，我们称为异质性数据。普通的神经网络并不能很好地区分异质性数据，也无法学习到不同数据之间的差异。在这种情况下用随机森林直接处理异质性数据更合适。实验 1 虽然失败，但也在计划内，下面我们尝试第 2 个实验。

- 实验 2 的结果

先将每一只股票的数据进行归一化，然后全部输入第一个模型中训练，结果如下（如图 4-16 所示）。

（1）可观察到 acc 稳步上升，loss 正常下降；

（2）得到的股票回测预测曲线图相当好看。

难道这就波澜不惊地成功了？忍住激动的心情仔细观察了代码，发现错误的原因在 scaler 范围上。只要将 scaler 的作用范围选择为 train 数据集而不是对所有数据集适用，也就是让 train 集使用一个 scaler，让 test 集使用另一个 scaler，那么结果就不一样了。我们按这个思路再跑一遍回测，果然发现修正后的结果并不好，预测图显示趋向于"稳定正常"，如图 4-17 所示。

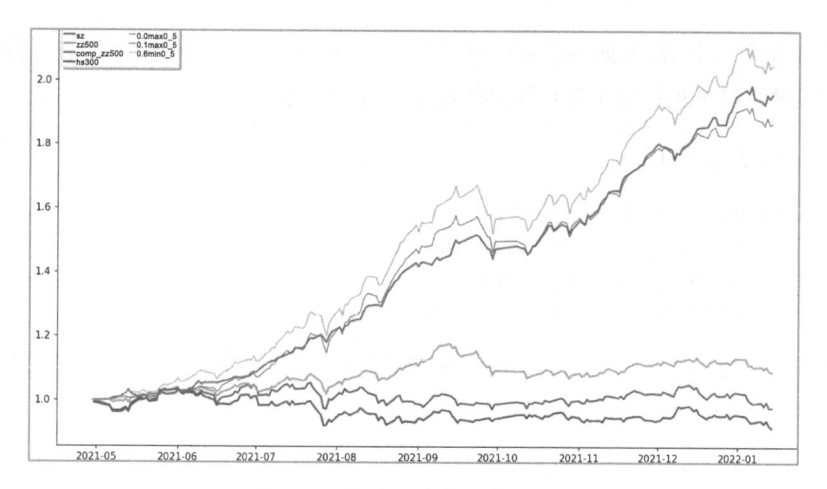

图 4-16 实验 2 的第一部分结果

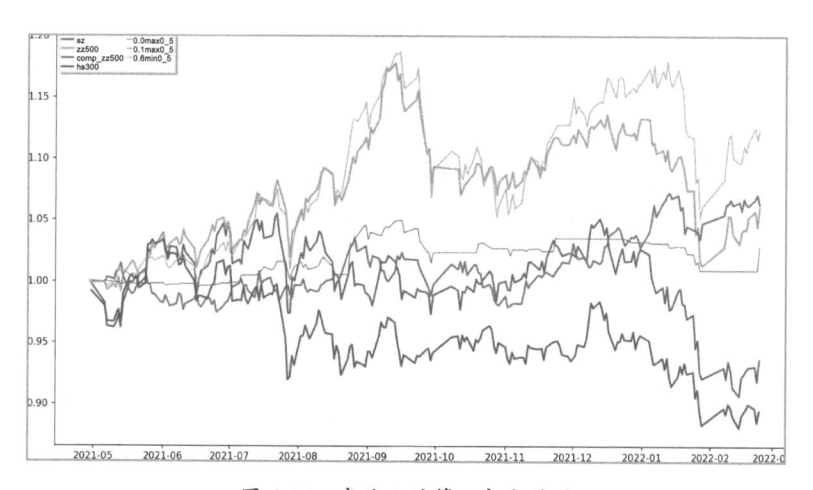

图 4-17 实验 2 的第二部分结果

现在我们来复盘一下。

如果 train 集和 test 集使用同一个 scaler，就意味着将 train 集的一些隐藏特征带到了 test 集中，此时的表现一定好。我们一般图省事，会将 test 集与 train 集一起"完整"地进行归一化，也就是利用了未来 test 集的隐藏特征，神经网络也因此逐步学到这种特征，导致最后的"结果"很不错——但这是 test 集将未来的值通过 scaler 传导到现在的 test 数据中所导致的，而真正的实盘数据预测效果并不好。

在这个实验中，我们学到一个守则：即不能让 train 集和 test 集有任何联系。即使像这样通过某一个"中介"产生的如此隐秘的联系，都会对结果产生未知影响。

要特别注意这种数据集划分重叠和一致的情况，必须小心谨慎地检查。如果不知道数据是否重叠，可以遵循如下原则：检查 X，Y，train，test，归一化，确定它们没有任何日期重叠，且 X 的计算也没有使用任何多余的未来值。

- 实验 3 的结果

```
smoothing_window_size = 60
temp_x_scaler = sc.fit_transform(X_clf[i + days - 
smoothing_window_size:i + days])
X_clf_seq.append(temp_x_scaler[-days:])
```

按前文设想，设置一个时间范围为 60 日的滑窗，在滑窗时间内做归一化，结果如图 4-18 所示。

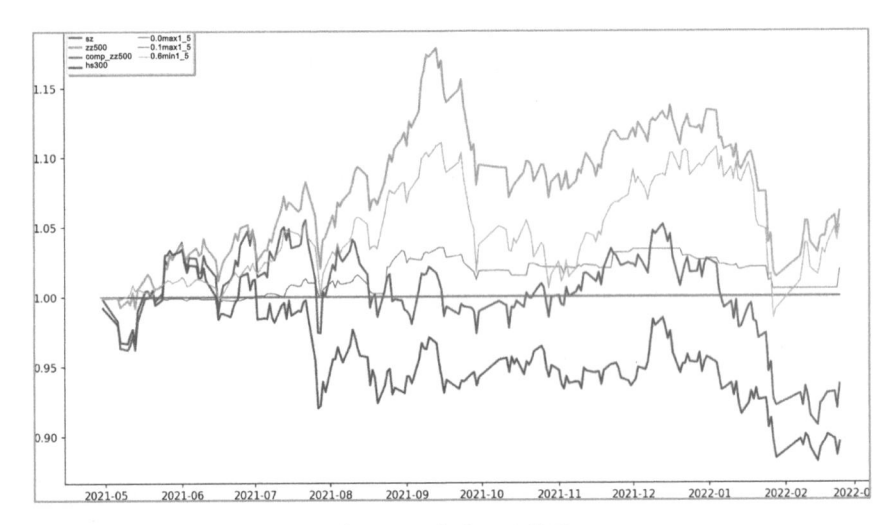

图 4-18　实验 3 的结果

滑窗也可以调整成和 LSTM 的窗口一致的 22 日，只是效果算不上很好。从输出结果中可以发现：

第一，所有的股票都有买卖记录，说明模型预测输出并不是只集中在数值大的股票上；

第二，test 集回测和真实实盘差距很小，说明模型稳定性提高了。

- 实验 4 的结果

我们尝试了不同的 scaler 方式，例如 Standard Scaler、Max Abs Scaler 等，最终确定 min-max 更适应目前的神经网络结构。

对于归一化的实验就到此为止，读者如果有兴趣可以自己想想还有什么有趣的方式能够实现归一化，比如针对不同类别的特征划分不同的组，不同组的归一化参数不一样……不管是哪一种方式，目标都是抹平不同股票之间的差距，抹平走势的差异，使归一化后的数据尽可能反映该股票的根本特性。

对预测目标的处理方式

预测目标简单而言就是对 y 的设置。之前，我们将 y 设置为如果股价上涨就买入，股价下跌则卖出，这种方式显然没有真实地反映股价的起伏变化。设想一下，如果我们的目标是保证每次买入股票挣钱的概率高、赚得多，而每次卖出股票都是为了规避相应的风险，那么很自然地，我们会想到不应该将买入卖出的这条线简单设置为 0，而是应该将这条线向上移动：例如设置为盈利 2%以上就买入，盈利低于 2%则卖出。当然还需要通过不断实验来判断 2%的设置是否准确。

接下来关心的问题是，个股的涨跌是否会受到大盘的影响？换言之，预测个股是否要考虑大盘的影响？如果要考虑，那么如何考虑大盘的变化？虽然并不确定考虑大盘是否有效，但可以通过实验来观察一下结果。

此后，要考虑的是，只用未来第二天是否盈利作为目标是否合理？在短期内对股价的预测准确度可能比较低，但是如果拉长时间维度，将目标变为"预测股价未来 3 天是否上涨"是否能提高准确率？我们总结以上这些疑问并设计以下实验。

实验 1：设定盈利目标线。

实验 2：加入对大盘变化的考虑。

实验 3：将未来一段时间的股价涨跌作为预测目标。

完成这三项实验并分析结果。

实验 1 结果分析如下。

尝试将盈利超过 3.5%、2.5%、1.2%作为买入信号，卖出信号则设置为盈利低于 1.0%、0%、−1.0%，很明显盈利即使小于 1.0%，我们也要卖出，这样设置的出发点是如果盈利不够则卖出，我们不需要盈利不够的股票。

首先，把卖出信号设置为小于盈利 1.0%，分别尝试卖出信号的阈值，发现 3.5%和 2.5%是比较好的选择，图 4-19 所示。

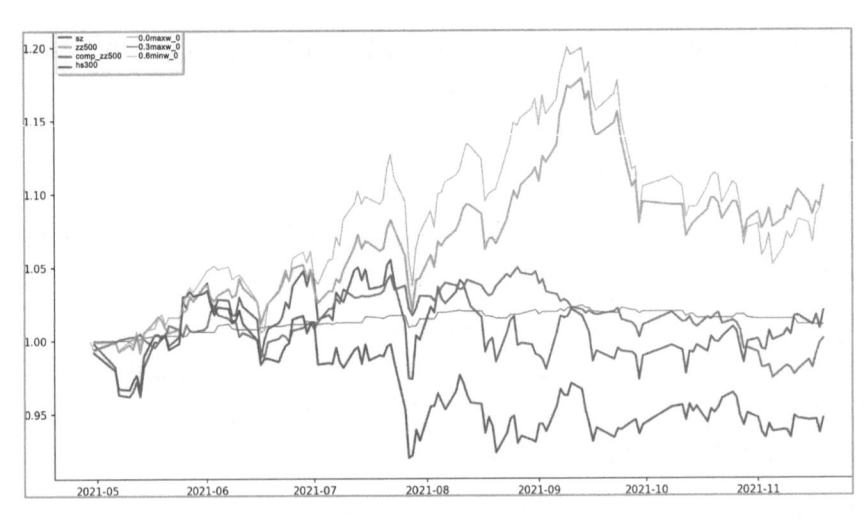

图 4-19 预测目标改进实验 1 结果

再将买入信号设置为 2.5%，我们尝试 1.0%、0%、-1.0% 的卖出信号，发现在 -1.0% 时，没有想象的这么差，反而是当盈利低于 0% 时再卖出会得到最差的实验结果，最终在 1.0% 时的卖出信号以微弱的优势荣获盈利第一，如图 4-20 所示。

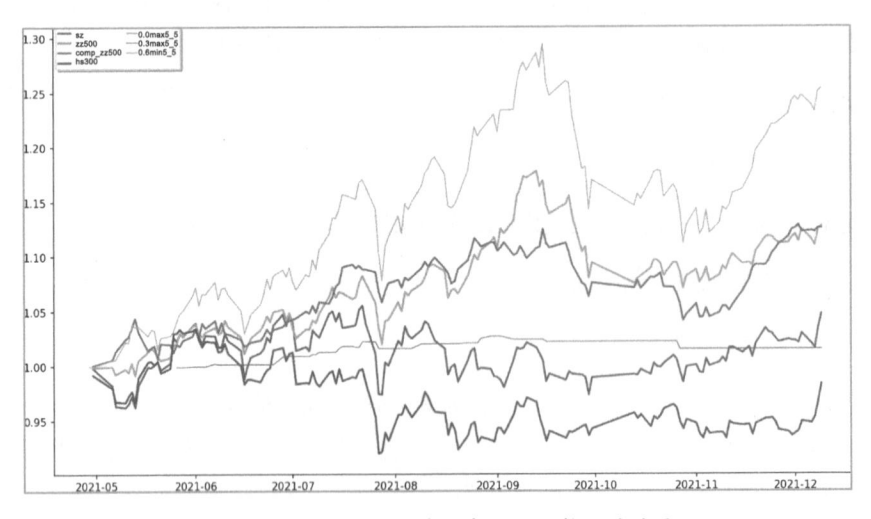

图 4-20 预测目标改进，实验 1 调整后的结果

实验 2 结果分析如下。

现在加入大盘的变化，首先定义目标如下。

（1）以第 2 日（明日）相对大盘第 1 日（今日）的比值来确定，记为 index_p；

（2）以第 3 日相对大盘第 2 日的比值来确定，记为 index_i；

（3）为衡量个股我们定义两个指标，即将第 3 日(后天)和第 2 日（明天）的收盘价比值作为第一个指标，记为 stock_i；为反映日内股价的涨跌起伏，使用第 2 日收盘价/第 2 日开盘价作为第二个指标，记为 stock_c。

将以上 3 条指标编写成如下代码。

```
index_p = (close_index[p + 1] / close_index[p])
index_i = (close_index[p + 2] / close_index[p + 1])
stock_i = close_price [i + 2] / close_price [i + 1]
stock_c = close_price[i + 1] / open_price[i+1]
```

我们的目标是大盘涨得越高则个股的限值也要越高，还记得上一部分我们实验得到的参数吗？最后个股参数设置为高于 2.5%买入，假设大盘第二天涨了 1%，那么不一定是在 2.5%时买入，而可能是在 3%或更高时才买入。因为大盘涨了，可以认为大部分股票会跟涨，所以也要相应提高个股买入的限值，2.5%可以作为最小的限值。

根据这个原则最终实现代码如下。

```
if stock_c >= max(max_th, (index_p - 1) * 3 + 1) or \
    stock_i >= max(max_th, (index_i - 1) * 3 + 1):
# max_th 跟大盘联动，大盘越高则 maxth 越高，minth 越高；
   y_clf.append([1])
elif (stock_c <= max(min_th, (index_p - 1) * 1 + 1)):
   y_clf.append([0])
else:
   y_clf.append([0.50])
```

实验 3：用未来一段时间的涨跌作为预测目标（未来价格的加权平均值）。试着将未来涨跌作为预测目标编写代码如下。

```
def make_label(prices):
    ratio = 0.90
    decay = 0.70
    label = 0.00
    for i in range(1, len(prices)):
        label = label + (prices[i] / prices[0] - 1.00) * ratio
        ratio = ratio * decay
    return label / (len(prices) - 1)
```

代码中设置了两个参数：ratio = 0.90，decay = 0.70。ratio 为单日价格涨跌的权重，decay 则作为权重每日退火的参数，即离第 2 日越远则影响权重越小。按这个思路，输出最终结果 label / (len(prices) – 1)。那将未来一段时间的涨跌作为预测目标是否就完美呢？我们继续分析。

对股票投资而言，目标是在获取最大利润的同时最大程度地规避风险。而在以上的代码和公式中，我们主要考虑的是利润而不是风险。是否能在考虑利润的同时也考虑风险呢？当然可以，为此需要引入股票中的一个经典指标：风险回报比率。

什么是风险回报比率？风险回报比率标志着投资者投资的每一美元的风险所能获得的预期回报。许多投资者使用风险回报比率来比较一项投资的预期回报与他们为获得这些回报而必须承担的风险量。比如：投资者可以拿出1000元人民币参与到一项投资中，这项投资的可能最大收益为5000元人民币；而这项投资的另外一个可能性是亏光1000元本金，那么该投资的风险回报率为1:5，即投资者愿意冒损失1元的风险，去获得5元的收益。

像期货市场，在许多情况下，投资者发现其投资的理想风险回报比率约为1:3，即每增加1个单位的额外风险即可获得3个单位的预期回报。投资者可以通过使用止损单和看跌期权等衍生工具更直接地管理风险/回报。

下面是一个实际操作的例子。

交易员以每股20元的价格购买100股某公司的股票，并在15元的价格下止损订单，以确保损失不会超过500元。如果交易者认为某公司的价格在未来几个月内将达到30元，在这种情况下，交易者愿意承担每股损失5元的风险，以在平仓后获得每股10元的预期回报。由于交易者将赚取2倍于他们所承担风险的金额，所以可以认为该交易的风险回报比率为1:2。

在实际操作中，可以将未来一段时间内可能的涨幅比率除以可能的跌幅比率，该比率我们定为3:1（注意这里的比值顺序是收益风险比，收益在前，风险在后），如果大于此比率，我们认为可以买入；同样我们为卖出也设置一个比率，如果小于该比率，就应该卖出了，我们将这个比率设置为2:1。用以下代码设置比率。

```
if ratio > 3:
    y =[1]
elif ratio < 2:
    y =[0]
```

而理解了风险回报比率，就能立即理解夏普率，其定义如下。

夏普率，在金融领域衡量的是一项投资（例如证券或投资组合）在对其调整风险后，相对于无风险资产的表现。它的定义是投资收益与无风险收益之差的期望值，再除以投资标准差（即其波动性）。它代表投资者额外承受的每一单位风险所获得的额外收益。

夏普率是投资者在承受每单位风险时，可以取得的额外收益。这里所指的额外收益，是用基金或投资组合的回报减去"无风险回报率"后所得的数值。夏普率主要强调额外回报，它代表投资人每多承担一分风险可以拿到的超额报酬。若该比率大于1，则代表基金报酬率高于波动风险；若小于1，则代表基金波动风险大于报酬率。

为了更深入地了解风险回报比率，我们再来看一个财务分析中用到的概念：最大回撤比（Return over Maximum Drawdown，RoMaD）。

什么是最大回撤比？最大回撤比是一种风险调整后的回报指标，也就是衡量投资在某时间段内的收益和最大跌幅，用作夏普率或索提诺比率（sortino ratio）的替代指标。最大回撤比主要用于分析对冲基金。可以用以下公式表示：

RoMaD = 投资组合回报/最大回撤。

最大回撤比能反映对冲基金表现或投资组合表现的很多细节部分。跌幅是投资组合的最大回报点（价格最高点）与任何随后的表现低点之间的差值。

再来看一个例子。

最大回撤比是投资组合在给定时期内的平均回报，它向投资者提出一个问题："你是否愿意接受 X% 的偶尔回撤风险以获取 Y% 的平均回报？"

例如，如果迄今为止投资组合的最高价格为 10000 元，随后的最低价格为 8000 元，则最大回撤为(10000 – 8000) ÷ 10000= 20%。那么，同一个投资组合的年回报率为 10%。在这种情况下，如果投资的最大回撤为 20%，RoMAD 就为 0.50。如果有另一个投资组合，最大回撤为 40%、回报率为 10%，RoMaD 为 0.25，显然前一个 RoMaD 为 0.50 的投资更好。从表面上看，这两个投资组合的回报率都是 10%，但其中一个风险更大，显然我们应该偏向于选择风险更小的那个投资组合。

一般情况下，RoMaD 为 2 比较好，意味着最大回撤是投资回报的一半或更少。但在实际市场情况下，考虑到很多苛刻的因素，RoMaD 为 0.25 已经是一个值得投资的水平了。

下面我们用代码来实现 RoMaD 的计算。

```
def make_RoMaD(prices):
    high = 0
    low = 0
    for i in range(1, len(prices)):
        if prices[i] > high:
            high = prices[i]
        elif prices[i] < low:
            low = prices[i]
```

```
MDD = (high - low)/high
return (prices[-1] / prices[0]) / MDD
```

关于预测目标处理方式的思考暂时告一段落，我们接下来分析对极值或异常值的处理。

对极值或异常值的处理

前面提到在数据比较稳定、没有极值或异常值的情况下可以使用归一化方式，否则使用标准化方式更合适。经过实验，数据集归一化方式更适合一部分股票数据，主要是这些股票的数据较为稳定，没有突然起伏的情况。在实际操作中，某些股票的变化没有这么稳定，而如果不想放弃归一化方式，就要想办法去除这部分股票数据的极值或异常值，人为地使数据集相对稳定。

我们发现如果能手动去掉异常值，就可以略微提高预测结果。那么如何查出数据的极值或异常值，又如何去掉它们呢？下面一起来研究。

首先要定义什么是极值，比如在一个均值为 100、标准差为 20 的数据中，突然出现一个 500 以上的数值，那么该数值就算极值。我们把这条规则总结为：将离均值太远的值视为极值。那么离均值多远才算远呢？我们引入统计学中的 3σ 原则，即正态分布的数值分布在 $(\mu-3\sigma, \mu+3\sigma)$ 中的概率为 99.73%，在 3σ 外的概率是 0.27%。也就是说，图 4-21 中尾部的那些低于 -3σ 或高于 $+3\sigma$ 的数即为极值，此处 σ 代表一个标准差。

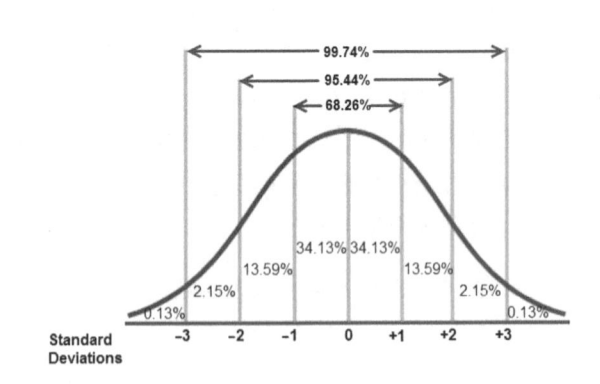

图 4-21 极值的定义

当然 3σ 只是建议值，去除多少个 σ 值由你的数据决定！

我们又该怎么处理这些极值？

第一，可以将其直接删除，也可以在删除后于同位置补 0。

第二，可以将极值控制在一个范围内。例如，在一个均值为 100、标准差为 20 的数据中，出现一个 500 以上的数值，按前面的定义，该数字远超过均值+3 倍标准差，属于异常值，随后我们将 500 重新赋值为：均值+3 倍标准差=160。

按以上思路，去除极值的代码如下。

```
def delextremum(array, n=2):
    '''
    @param array:<type> numpy.array  2D or 1D
    '''
    sigma = array.std(axis=0)
    mu = array.mean(axis=0)
    up_limit = mu + n*sigma
    down_limit = mu - n*sigma
    if up_limit.shape == ():
        array[array > up_limit] = up_limit
        array[array < down_limit] = down_limit
    else:
        array_len = array.shape
        array[array > up_limit] = np.repeat(up_limit.reshape(1, up_limit.shape[0]), array_len[0], axis=0)[array > up_limit]
        array[array < down_limit] = np.repeat(down_limit.reshape(1, down_limit.shape[0]), array_len[0], axis=0)[array < down_limit]
    return array
```

代码可以处理一维和二维的数组。首先，分别计算了 sigma(标准差 σ)与 mu(均值 μ)，并且根据计算出的值进行截断。当然也可以调整传入参数 n，改变标准差的倍数，比如将 n 调整为 2，也就是 2 倍的标准差，最后最大限值就为：均值+2 倍标准差。

为验证处理方式的可靠性，我们利用 random 函数生成一组正态分布数据，然后在位置 33 和 58 处手动设置极大值和极小值，代码如下。

```
a = np.random.normal(1000, 100, 100)
a[33] = 100
a[58] = 2000
```

利用这组正态分布数据画图后，得到 up 和 down 两条线，即图 4-22 中的上横线和下横线，这两条线就是最高限值和最低限值。从图上可以明显地观察到两个波峰就是刚才设置的异常值，可以看到异常值都被截断在最高限值和最低限值范围内。

图 4-22　异常值的截断

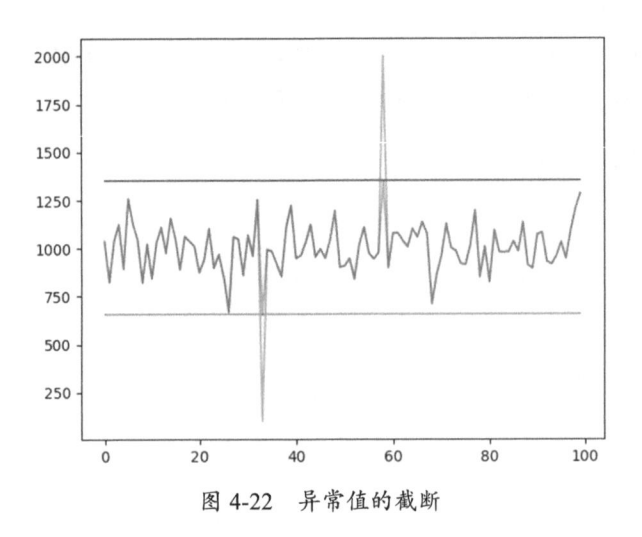

从选股模型的改进优化开始，我们主要分析数据层面的处理，接下来我们学习模型的重要超参设置——学习率（learning rate）。

循环学习率

普通的学习率一般取一个初始固定的值，该学习率在训练过程中有规律地下降，进行梯度下降计算。例如，每个 epoch 之后，模型单调降低学习率。随着时间的推移，降低学习率可以让模型（理想情况下）下降到损失范围的较低区域。然而在实践中，单调递减的学习率存在以下问题：

第一，模型和优化器仍然对初始学习率很敏感，而我们不知道初始学习率应该是多少才合适，有可能需要执行 10 次甚至 100 次实验才能找到合适的初始学习率。

第二，不能保证模型在降低学习率时会正好下降到低损失区域，换句话说无法知道在什么时机下降学习率会比较好。

Leslie N. Smith 2015 年的论文 *Cyclical Learning Rates for Training Neural Networks* 尝试解决此类问题，提出了循环学习率的思路。现在，我们可以定义学习率的下限（称为 base_lr）和学习率的上限（称为 max_lr）。循环学习率的特点之一即允许其训练时在上下限之间摆动，每次批量更新后缓慢自动增加或减少学习率的值。如图 4-23 所示，我们定义一个来回摆动的学习率。

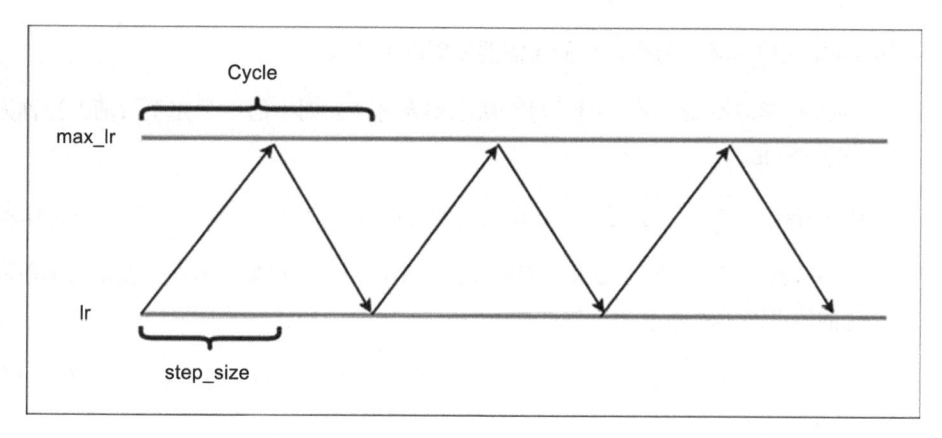

图 4-23　循环学习率训练时在上下限之间摆动[18]

从图中可以看出，学习率的变化正好像一个三角形。刚开始时学习率非常小，随着时间的推移，学习率继续增长，直到达到最大值；然后学习率下降到初始值。这种循环模式贯穿整个训练过程，这种像三角形一样上下起伏的学习率变化策略就称为 Triangular 策略。

但仅有这种策略变化并不能完全满足模型训练需求，所以 Leslie 在论文中还介绍了第二种循环学习率策略——Triangular 2 策略。

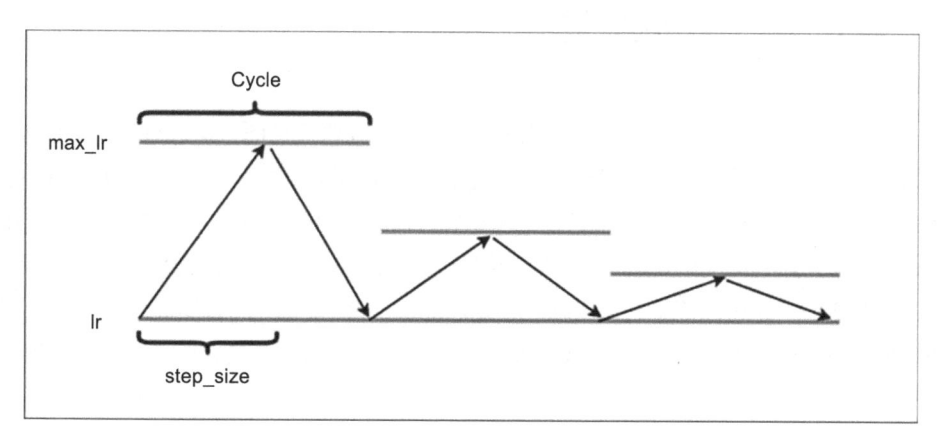

图 4-24　Triangular 2 策略[18]

Triangular 2 策略类似于标准的 Triangular 策略，但在每个周期后它会将最大学习率限制减半。这么做有什么好处？它可以利用学习率的不规则摆动突破局部最小值；同时不断降低学习率，这样能够降低损失范围，提高准确性。此外，由于最大学习率随之降低，所以也有助于提高训练的稳定性。使用 Triangular 策略的训练到后期，损失和准确度都可能出现来回摆动，且摆动幅度越来越大，而 Triangular 2 策略则有助于减少这类摆动。

在实践中应用循环学习率，我们还需要设置以下参数。

- Cycle：学习率循环轮，即学习率从小到大再从大到小的一个完整振荡，被称为一个 Cycle。
- step_size：完成半个学习率循环轮所需要的训练步数（iterations），即 2×step_size。
- amplitude：振幅，等于最大学习率减去最小学习率。在某些策略中振幅会随着训练的推进而不断缩小。
- iteration：训练迭代次数，每完成一步或一个 batch 的训练被称为完成了一个 iteration。
- epoch：即一轮训练，遍历一次训练集的过程被称为一个 epoch。

循环学习率可以和 Keras 无缝结合，直接调用即可，代码如下[19]。

```
clr = CyclicLR(base_lr=0.001, max_lr=0.006,
               step_size=2000, mode='triangular2')
model.fit(X_train, Y_train, callbacks=[clr])
```

第 8 节　集成模型

对于普通交易者而言，常常会汇集多个研究员的经验或判断去综合分析一只股票，例如研究员 A 认为应该买入，研究员 B 认为应该买入，研究员 C 觉得应该卖出，研究员 D 认为应该维持。综合 4 人的意见，发现多数研究员认为应该买入。当然这里列举的例子比较简单，如果情况更复杂一点呢？例如研究员 A、B、C、D 的经验与成功率完全不同，这时我们不能再以简单的平均权重去处理他们的分析结论，而是应该加入权重。例如权重可能是这样的比例：0.1:0.1:0.6:0.2。如果再综合这 4 人的观点，就可能得到不同的结论。

再进一步，如果将研究员 A、B、C、D 替换成模型呢？那么就要综合四个模型的结果来决策。为简单起见，我们下面以决策树模型为例来说明集成模型的应用。

首先，仍是读取数据并进行基础的数据处理，例如删除停牌的日期（没有实际交易数据或交易数据为 0）。

接下来，定义一个 minmax 的 scaler，由于我们主要为了展示多个树模型是如何集成的，所以并没有精细地将训练测试数据分别做数据归一化，而是直接将所有数据做了归一化。处理数据并进行归一化的代码如下。

```
df = pd.read_csv('./data/sh.600157.csv')
df=df[(df['volume'] != 0) & (df['close'] != 0)]    #去除没有交易的数据, volume 为 0 判断
df = df.reset_index(drop=True)
minmax = MinMaxScaler().fit(df.iloc[:, 5].values.reshape((-1,1)))
close_normalize = minmax.transform(df.iloc[:, 5].values.reshape((-1,1))).reshape((-1))
```

然后, 定义一个自编码器。自编码器的作用类似 PCA 中的降维, 从已知数据中提取有用的特性转化成方便处理的向量。此处我们使用一个最简单的自编码器, 即 encoder 为 2 层, decoder 为 2 层, 且都为 Dense 层。以下为自编码器定义的代码。

```
first_layer_encoder = tf.nn.sigmoid(tf.add(tf.matmul(self.X, weights['encoder_h1']), biases['encoder_b1']))
self.second_layer_encoder = tf.nn.sigmoid(tf.add(tf.matmul(first_layer_encoder, weights['encoder_h2']), biases['encoder_b2']))
first_layer_decoder = tf.nn.sigmoid(tf.add(tf.matmul(self.second_layer_encoder, weights['decoder_h1']), biases['decoder_b1']))
second_layer_decoder = tf.nn.sigmoid(tf.add(tf.matmul(first_layer_decoder, weights['decoder_h2']), biases['decoder_b2']))
```

使用 RMSProp 作为该自编码器的优化器, 代码如下。

```
self.optimizer = tf.train.RMSPropOptimizer(learning_rate).minimize(self.cost)
```

定义完整算法后, 开始训练自编码器, 输出值包含 32 个单元向量, 隐层为 128 个单元向量, 代码如下。

```
Encoder=encoder(close_normalize.reshape((-1,1)), 32, 0.01, 128, 80)
thought_vector = Encoder.encode(close_normalize.reshape((-1,1)))
```

一共训练循环 80 次。训练完毕后, 我们取自编码器中间的一层作为输出编码, 也就是 encoder 的第二层, 取出的第二层就可以作为下一阶段要使用的输入了, 代码如下。

```
    def encode(self, input_):
        return self.sess.run(self.second_layer_encoder, feed_dict={self.X: input_})
#调用并取出 encoder 第二层
thought_vector = Encoder.encode(close_normalize.reshape((-1,1)))
```

将提取的自编码器 encoder 层输出结果作为决策树分类器的输入数据，此处确定四种不同的决策树分类器，代码如下。

```
from sklearn.ensemble import *
ada = AdaBoostRegressor(n_estimators=500, learning_rate=0.1)
et = ExtraTreesRegressor(n_estimators=500)
gb = GradientBoostingRegressor(n_estimators=500, learning_rate=0.1)
rf = RandomForestRegressor(n_estimators=500)
bagging = BaggingRegressor(n_estimators=500)
```

图 4-25 仅列出 4 种分类器（ada、et、gb、rf）中的特征重要程度。

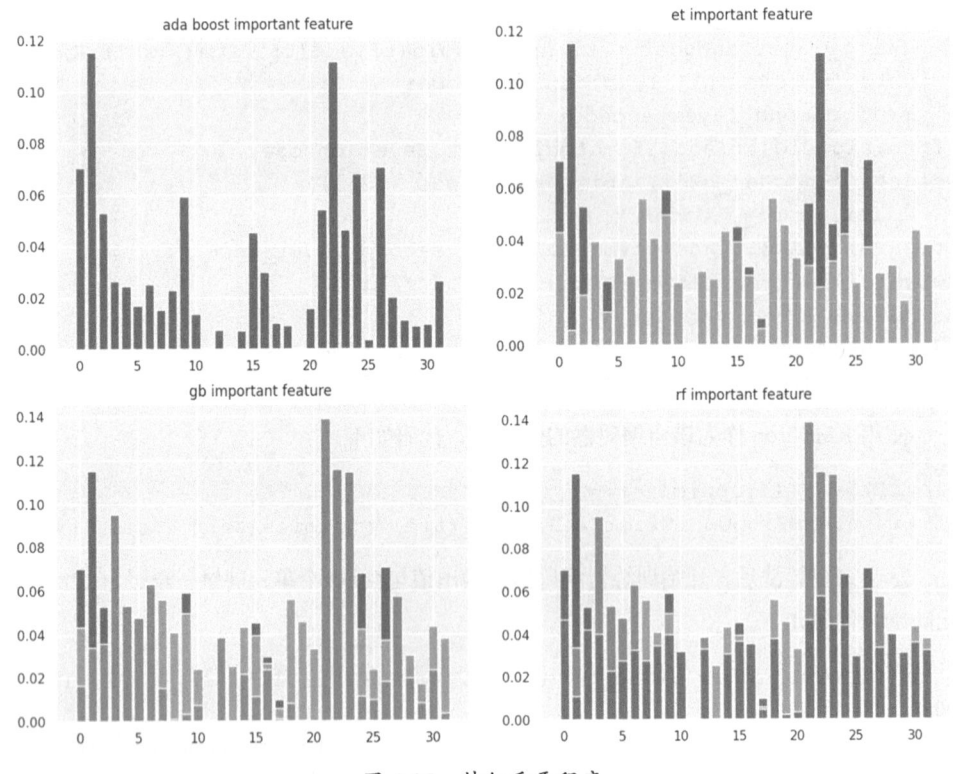

图 4-25　特征重要程度

再看看预测值与实际值的相关性矩阵，也就是常说的热图，如图 4-26 所示。

以上我们定义了 5 种不同的决策树模型，并利用不同的模型来预测目标，得到了 5 个有差异的值，那么如何使用这 5 个值呢？最好的方案是根据值设置不同模型的权重，再结合它们的结果。至于如何结合，我们就要谈到模型集成的概念——堆叠泛化。

图 4-26 热图

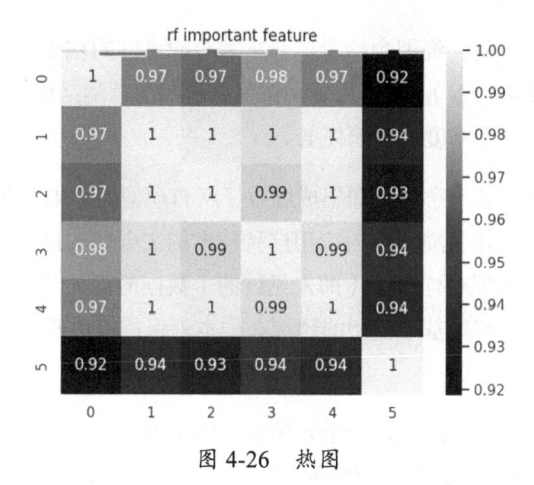

堆叠泛化框架最早是由 Wolpert 在 1992 年的一篇学术论文中提出的。它是一种集成建模技术。其核心概念是为回归或分类任务生成单一而稳健的预测，方法是：（a）建立多个不同的模型（具有不同的学习算法、不同的超参数和/或不同的特征）来进行预测；（b）然后，训练一个"元模型"（Meta-Regressor）或"混合模型"来预测结果。

如图 4-27 所示，模型 R_1~R_m 都是在历史数据上训练得出的，用来预测结果，得到了 P_1 到 P_m，然后将这些预测结果作为元模型训练的特征，最后用"元模型"来预测最终结果。

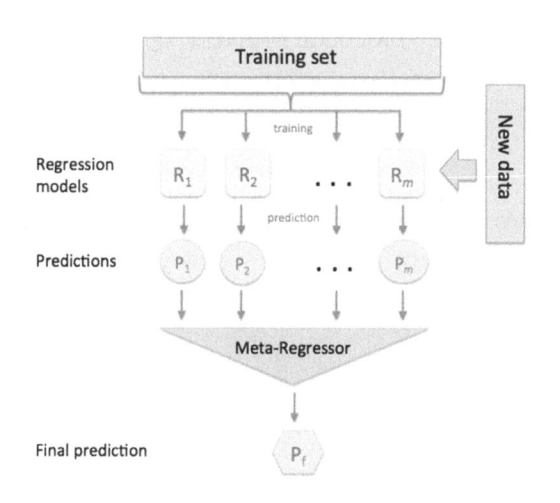

图 4-27 元模型预测

扩展一下本节开头的例子来解释这个框架。一个投资分析师团队，他们的经理要求每个人对同一组公司的多个季度进行盈利预测。经理"了解"每位分析师历史预测的准确度，即哪些分析师在历史预测上是最准确的，哪些是一般准确的，哪些是不准确的。

当需要对未来进行预测时，经理会给每位分析师分配不同的权重（在某些情况下，预测不准确的分析师的权重为零），根据权重来调整分析师的预测结果，并得到最终的概率，完成了对同一组公司多个季度的预测任务。

从该例可以理解堆叠的意思，即集成堆叠了所有模型的结果，所以称之为"堆叠"。那为什么又称之为"泛化"呢？因为应用这种技术的主要目的是：通过那些看起来对数据已经拟合的模型，实现对样本外（即未见过的）数据的更大"适应性"（泛化）。这是通过元模型学习并判断哪些基础模型的预测在样本外保持得更好（或更差），然后对模型进行适当加权来实现的。

我们按照堆叠泛化的思路制作一个元模型，即使用上面 5 个分类器的预测结果训练一个基于 XGBoost 的集成分类器，代码如下[20]。

```
stack_predict = 
np.vstack([ada_actual,bagging_actual,et_actual,gb_actual,rf_actual,
close_normalize[:-252]]).T

clf = xgb.XGBRegressor(**params_xgd)
clf.fit(stack_predict[:-1,:],train_y[:-1],
eval_set=[(stack_predict[:-1,:],train_y[:-1])],
        eval_metric='rmse', early_stopping_rounds=20,
verbose=False)
```

将输出真实的值 real close 与 XGBoost 的集成值 xgb stacked close，再加上原有 5 个分类器的值制作成图 4-28 进行对比，从中可以看出 xgb 集成模型的输出好于任何一个分类器。

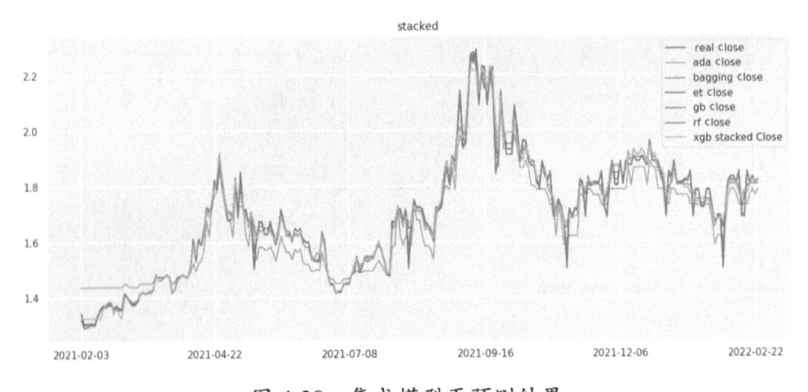

图 4-28　集成模型再预测结果

本节阐述了集成模型的思路和相关示例，感兴趣的读者可以参考集成学习的论文，将各种模型集成在一起或替换集成学习的方法，不停尝试才能改进最终结果。

第五章
在交易中应用强化学习

> 前面我们提到利用典型的神经网络来构造股价预测系统，并尝试构建一个可用于交易的系统。但由于交易系统本身随市场变化，所以简单的有监督学习的整体结构并不适用。本章探讨更适应交易系统的学习结构——强化学习。

第 1 节　强化学习基础框架

　　对于股票市场的预测，不管是使用神经网络还是使用类决策树方法，我们都是通过历史的交易记录预测未来。这类方法成功的前提：一是未来走势或方向在之前的走势中曾经出现；二是算法能准确"抓住"此模式，从而能根据历史数据"预测"出正确的价格走势。本章之前的算法都是基于该前提开发的，那如果假设的"前提"不存在呢？换句话说，未来可能发生的走势或方向和历史上曾发生的事件并没有保持一致时，该怎么办？

　　实际上历史的走势大多数在未来会重复发生，当"历史重现"时，它与曾经发生的情况在形态上已有很大区别，这种区别产生的原因往往是市场整体发生了变化，而这种变化会影响买卖股票的最终盈利。我们要做的就是将市场的变化放入模型中考虑，再根据变化调整模型输出。这种根据外部变化不断学习的框架和强化学习的思路完全一致，强化学习从根本上与监督学习和无监督学习有所不同，因此一般都会将其另外归类，如图 5-1 所示。

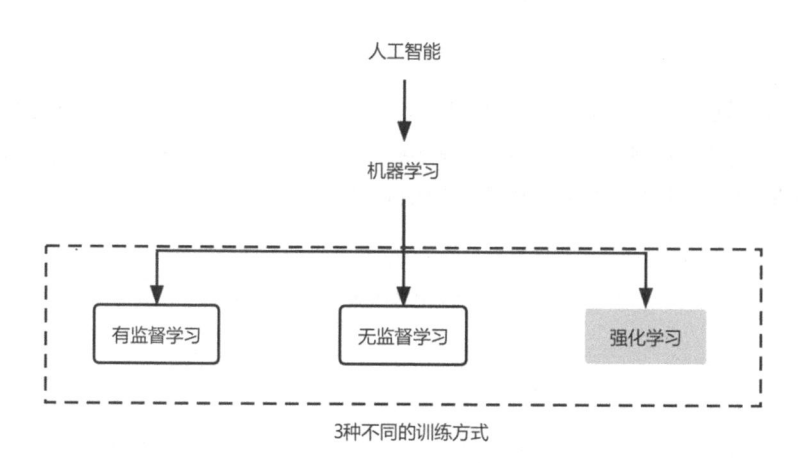

图 5-1　强化学习在机器学习中的位置

　　简而言之，强化学习就和打游戏一样，一开始不停地尝试，如果某一步或几步的行为恰好得到高分或完成了任务，那么就进一步"强化"这种拿到高分的行为，并期待这种行为在未来能获得更好的结果。这种"尝试—学习—动作—奖励"的模式也与工作中的绩效奖励很像，如果你在某个方面做得好，就能获得奖励，以激励你做得更好。

　　强化学习除了利用现有数据，还可以通过对环境的探索获得新数据，此处的环境也可以是人工模拟的数据。与一般的有监督学习最大的不同点在于，强化学习利用新数据循环往复地更新迭代现有模型。强化学习的过程可分为探索和学习两个阶段：学习阶段可以理解为更新大脑中的知识，而探索阶段则是利用新的大脑与环境博弈以获取数据，从而进行更好的学习。

经典的强化学习方式如图 5-2 所示。

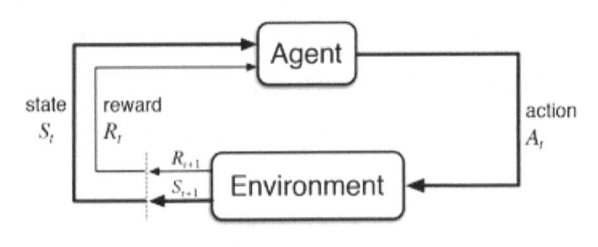

图 5-2　经典的强化学习方式

我们将经典的强化学习方式转化成函数表示，如图 5-3 所示。

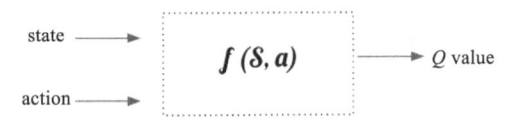

图 5-3　强化学习的函数表示

由于神经网络可以很好地求解逼近算法，所以这里可以用神经网络来计算输出动作（action）。针对股票市场，我们加入深度神经网络来寻找最有可能赢得利润的方向，将股票市场环境代入经典的强化学习模型后可以得到图 5-4。

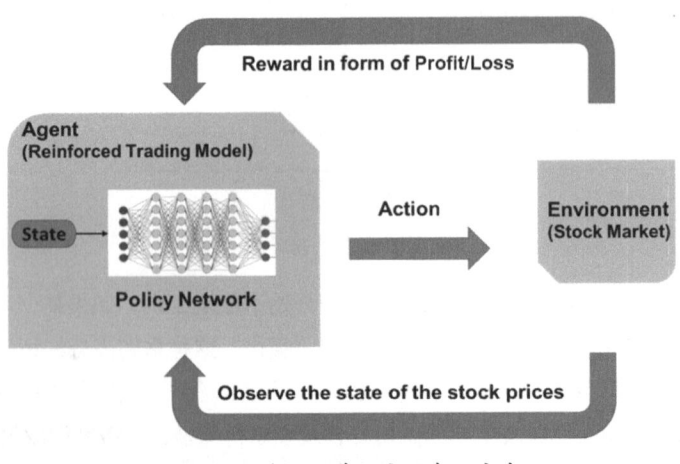

图 5-4　将强化学习应用在股市中

根据股票市场的特点，强化学习结构中原有的基础概念可以被赋予新的解释：

agent——在环境中工作的代理，可以理解成进行交易的自动机器人；

action——在股票市场中执行的操作。股票市场的操作通常包括：买入、卖出、持有；

state——当前整体的市场环境反馈数据和当前操作空间的具体操作（如买入、卖出、持有）；

reward——如果盈利则奖励，如果亏损则惩罚。

在深度神经网络（Deep Network）出现之前，我们需要一个解决计算未知转移概率与 reward 的算法，这个算法名为 Q-Learning。而用深度神经网络实现的 Q-Learning 算法即在一些书中常常看到的 Deep Q-Learning Network，简称 DQN，它的结构如图 5-5 所示。

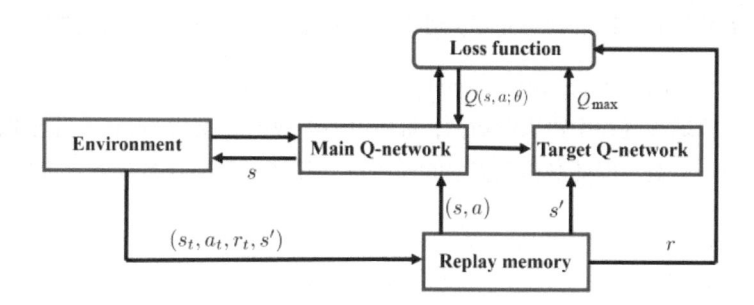

图 5-5　深度强化学习 DQN 结构

每一个强化学习算法都有两项必要任务：第一项是与环境交互并收集数据；第二项是从数据中学到有价值的信号。

而 Off-policy 策略（即探究未来的多个最优解，并用贪婪的方式选取其中一个作为下一个 action）是将第一项任务单独处理，第一项任务是在 Q-Learning 出现后就存在的，并且在 DQN 结构中也沿用这一策略与环境交互任务。不同的是，Q-Learning 中用来计算 target 和用来输出预测值的 Q 是同一个 Q，即使用了相同的神经网络。这会带来一个问题：每次更新神经网络参数时，target 会同步更新，容易导致参数不收敛。

因此 DQN 在保留原有 Q 网络的基础上又引入了新的网络——target Q 网络，该网络专门用来计算 target 值。它和 Q 网络结构一样，初始的权重也一样，只是 Q 网络每次迭代都会更新，而 target Q 网络是隔一段时间才更新，它们更新的频率并不一致。DQN 的 target 函数在原始论文中为

$$\left(r_t + \max_a Q\left(s_{t+1}, a; \theta^-\right)\right).$$

其中 θ^- 表示它比 Q 网络的权重 θ 更新得更慢。在初步理解 DQN 的机制及两个深度网络在 DQN 结构中的作用后，我们开始手动实现 DQN 网络。

第 2 节 手动实现股票买卖的强化学习网络

第一步，为实现 agent，创建一个 agent 类。

我们先看下 agent 类的大致结构，除去初始化部分，其中：

- 用 _model 函数构建算法结构；
- 用 act 函数输出下一个动作；
- 如果准备的数据已训练完毕，则从头再训练，直至完成所有的训练轮数（epoch）；
- 通过经验回放（experience replay），即 expReplay 函数，用一个 Memory 来存储每一轮训练过程中输出的数据，每次更新参数的时候从 Memory 中抽取一部分数据用于更新，以此减少数据之间的干扰，并降低动态分布带来的问题。

以下为 agent 类结构代码。

```
class Agent:
 def __init__(self, state_size, is_eval=False, model_name=""):
     #初始化参数
     self.action_size = 3 # sit, buy, sell
     self.memory = deque(maxlen=1000)
     self.inventory = []
 def _model(self):
     #定义算法并返回
     return model
 def act(self, state):
     #输出动作
 def expReplay(self, batch_size):
#重置训练数据开始下个 epoch
```

Agent 类中的初始化函数定义了一些静态变量，例如与训练模型有关的 gamma、epsilon、epsilon_min、epsilon_decay，这些参数可以保证顺利地买卖股票并保持输出的平稳。

其中 self.memory = deque(maxlen=1000)定义了一个队列，设置了最大记忆深度。

self.inventory 定义了购买股票时的持仓量，买入卖出时都会对该变量进行增减。

在 act 函数中，使用了模型先预测出多个特征向量，再使用 argmax 得到 action 的具体值（即买入、卖出、持有），相关代码如下。

```
options = self.model.predict(state)
return np.argmax(options[0])
```

我们还需要实现一个 Q 网络的特征提取器，前文提到神经网络是最好的特征逼近器。我们用_model()函数实现一个 4 层的 MLP 特征提取器，以下给出 agent 类的完整代码。

```
class Agent:
    def __init__(self, state_size, is_eval=False, model_name=""):
        #初始化参数
    def _model(self):
        model = Sequential()
        model.add(Dense(units=64, input_dim=self.state_size, activation="relu"))
        model.add(Dense(units=32, activation="relu"))
        model.add(Dense(units=8, activation="relu"))
        model.add(Dense(self.action_size, activation="linear"))
        model.compile(loss="mse", optimizer=Adam(lr=0.001))
        return model
    def act(self, state):
        if not self.is_eval and random.random() <= self.epsilon:
            return random.randrange(self.action_size)
        options = self.model.predict(state)
        return np.argmax(options[0])
    def expReplay(self, batch_size):
        mini_batch = []
        l = len(self.memory)
        for i in range(l - batch_size + 1, l):
            mini_batch.append(self.memory[i])
        for state, action, reward, next_state, done in mini_batch:
            target = reward
            if not done:
                target = reward + self.gamma * np.amax(self.model.predict(next_state)[0])

            target_f = self.model.predict(state)
            target_f[0][action] = target
            self.model.fit(state, target_f, epochs=1, verbose=0)

        if self.epsilon > self.epsilon_min:
            self.epsilon *= self.epsilon_decay
```

从上面的 expReplay 函数可以看出：在每个时间步中，agent 与环境交互所得到的转移样本（s_t, a_t, r_t, s_{t+1}）均储存在回放记忆单元构成的 mini_batch 中，训练时就随机拿出一部分来训练。

这段代码另一个关键的地方在于如何计算 target 网络。如上一节所述，target 网络的网络结构和 Q 网络的一致，我们可以分别计算 target（对应 target 网络）和 target_f（对应 Q 网络）传入 model 中训练，并计算 loss。

接下来再定义几个基本函数。

- formatprice() 用于构造货币的格式；
- getStockDataVec() 获取股票数据；
- getState()根据数据及目前的时间步返回下一个 state。以下代码展示了 getState 函数内容。

```
def sigmoid(x):
    return 1/(1+math.exp(-x))
def getState(data, t, n):
    d = t - n + 1
    block = data[d:t + 1] if d >= 0 else -d * [data[0]] + data[0:t + 1] # pad with t0
    res = []
    for i in range(n - 1):
        res.append(sigmoid(block[i + 1] - block[i]))
    return np.array([res])
```

第二步，在定义完 agent 类后，我们要试着让 agent 真正跑起来，也就是训练 agent。

在这部分功能中，模型需要预测下一步要执行的动作（买入、卖出、持有），需要考虑在买或卖的同时增加或减少资金量。根据设定的要训练的 epoch 数量，再通过买卖动作和目前的价格等特征构造相应的环境，让模型在这个构造的环境（state）中完成训练。这部分由于各个资产不一样，需要根据不同的资产特点手动实现，下面的代码针对中国股市，只有买入、卖出、持有这 3 种动作。

```
for t in range(l):
    action = agent.act(state)
    # sit
    next_state = getState(data, t + 1, window_size + 1)
    reward = 0
    if action == 1: # 买入标志
        agent.inventory.append(data[t])   #增加持仓
        print("Buy: " + formatPrice(data[t]))
    elif action == 2 and len(agent.inventory) > 0: # 卖出标志
```

```
        bought_price = window_size_price = agent.inventory.pop(0)
        reward = max(data[t] - bought_price, 0)
        total_profit += data[t] - bought_price
        print("Sell: " + formatPrice(data[t]) + " | Profit: " +
formatPrice(data[t] - bought_price))
        done = True if t == l - 1 else False
        agent.memory.append((state, action, reward, next_state, done))
        state = next_state
```

第 3 节　改进 DQN 网络

上一节所实现的 DQN 网络已完成了强化学习的几乎所有基础功能，麻雀虽小、五脏俱全，该结构是日后实现更复杂网络的基础。当然，这是强化学习代码的第一个版本，肯定有不少优化空间，下面来看看有哪些地方可以优化。

Q-Learning 的问题

首先来回顾 DQN，这个结构在 Deep Q-Learning 算法的基础上使用了 Experience Replay 经验池（上节的代码中提到过），将储存训练得到的数据通过随机采样的方法降低数据样本的相关性，提升了性能。接下来，DQN 做了一个改进，增加 target Q 网络，也就是我们在计算目标 Q 值时使用一个专门的目标 Q 网络来计算，而不是直接使用预更新的 Q 网络。在计算目标 Q 值时，Q 值代表动作的价值，如果一个 Q 值同时包含了两个部分，是否就表示可以更精确地计算 Q 值包含的这两个值？换句话说，单独动作价值的输出会不会更准确？Dueling Network 就是基于此思想改进而成的。

Dueling Network

Dueling Network：将 Q 网络分成两个通道，一个状态函数输出结果 V，一个优势函数输出结果 A，最后再合起来得到 Q。如图 5-6 所示，思路比较简单但确实有效。

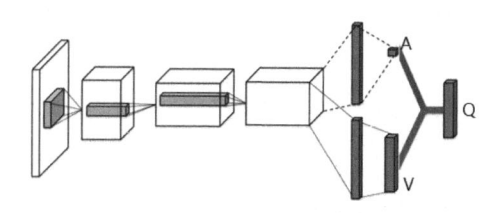

图 5-6　Dueling Network 结构[21]

Dueling Network 的主要改进体现在代码上，也就是在最后一层增加一种合并方式，这里用 Lambda 表达式实现。利用 Lambda 表达式合并 y 的最后输出。论文给出了 3 种合并方式，分别是 avg、max、naive，一般情况下我们使用 avg 方式，也就是向量平均输出，代码如下。

```
        if self.enable_dueling_network:
            # get the second last layer of the model, abandon the last layer
            layer = model.layers[-2]
            nb_action = model.output._keras_shape[-1]
            y = Dense(nb_action + 1, activation='linear')(layer.output)
            if self.dueling_type == 'avg':
                outputlayer = Lambda(lambda a: K.expand_dims(a[:, 0], -1) + a[:, 1:] - K.mean(a[:, 1:], keepdims=True), output_shape=(nb_action,))(y)
            elif self.dueling_type == 'max':
                outputlayer = Lambda(lambda a: K.expand_dims(a[:, 0], -1) + a[:, 1:] - K.max(a[:, 1:], keepdims=True), output_shape=(nb_action,))(y)
            elif self.dueling_type == 'naive':
                outputlayer = Lambda(lambda a: K.expand_dims(a[:, 0], -1) + a[:, 1:], output_shape=(nb_action,))(y)
```

结合 LSTM 网络

在手动实现的强化学习例子中，我们为 Q 网络的特征提取器构建了最简单的 MLP 4 层网络结构，时间序列模型因为有更好的表达时序特性，所以比 MLP 结构的 Q 网络更适合股票市场。

基于此，我们设计 LSTM 网络来替代 4 层 MLP 网络。LSTM 网络不必太复杂，我们设计两层的 LSTM 加上一层 dense 结构，而输出 action 的三类动作（同样也包含买入、卖出、持有），代码如下。

```
    def create_model(shape, nb_actions):
        model = Sequential()
        model.add(LSTM(int(64*ratio), input_shape=shape, return_sequences=True))
        model.add(LSTM(int(64*ratio)))
        model.add(Dense(int(32*ratio)))
        model.add(Activation('relu'))
        model.add(Dense(nb_actions, activation='linear'))
        return model
```

第 4 节　回合制还是持续式：Actor-Critic

上一节提到的 Dueling DQN 只是在原始 DQN 上做了某些改进，仍然是基于值模式也就是 Value-based 的。基于值模式的特点是必须计算输出 Q 值，也就是未来奖励的期望值，尽管 Dueling DQN 分成了两个通道计算状态函数 V 与优势函数 A，最后再合起来得到 Q 值，但本质上仍是输出一个期望值。

在强化学习领域还有一类并不需要输出期望值（Q 值）的方法，它直接输出一个概率，根据概率再选择下一步的动作（action）。这就是基于策略模式（Policy-based）的强化学习：输入状态 s，输出 $p(s,a)$，根据概率 p 选择动作。

那么，能否将值模式和策略模式结合起来呢？我们直接套用 GAN 网络（生成对抗网络）的思想，设置一个执行者（Actor）、一个评论家（Critic）解决此问题，并将值（Value）和策略（Policy）结合在一起，如图 5-7 所示。

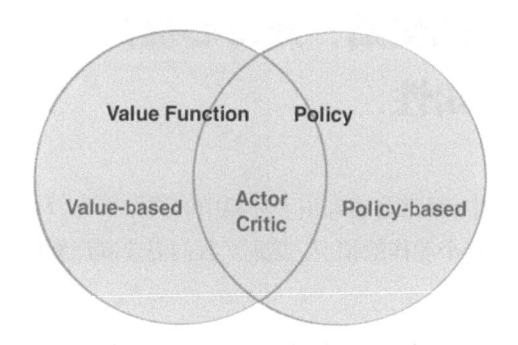

图 5-7　Actor-Critic 在强化学习中的位置

而这个网络的名字（Actor-Critic）暗示了它的网络结构是如何结合的，如图 5-8 所示。

Actor（执行者）：目标是获得尽可能高的 reward。输入 state，输出 action。

Critic（评论家）：Actor 的行为（action）是否良好需要另一个模型来评判，这个评判模型就是评论家。如何评判好坏呢？如果仍是基于概率的话并不是很妥当，所以从网络里输出了值，基于这个值评判执行者的表现。

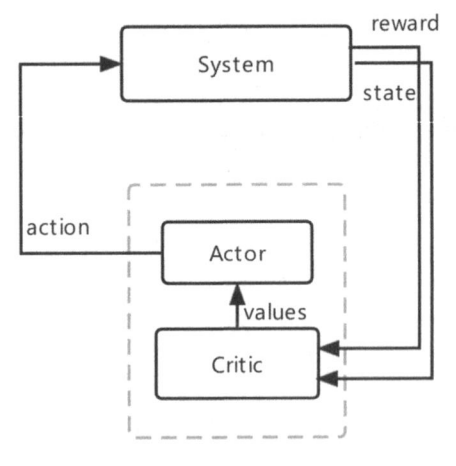

图 5-8　Actor-Critic 结构

以上，由执行者执行步骤争取一个尽量高的奖励（reward），由评论家评判行为结果，这个过程就是 Actor-Critic 的基本过程，简称为 A2C。

第 5 节　稀疏奖励：好奇心提高 agent 对环境的可知性

在真实的强化学习中，经常会遇到由于环境中的奖励很少，从而导致 agent 无所适从、一直在原地打转或重复某个动作的情况。这时，我们需要制造新的奖励促使 agent 去探索之前没有做过的事情。

比如在玩一个动作游戏时，试着操作士兵（agent）去攻击拐角处的敌人（如图 5-9 所示）。在还没到拐角时，士兵在不停移动，但由于还没有伤害敌人，所以还没得到任何奖励，也就是 agent 不会因为自己在移动而获得任何奖励或惩罚。如果是真正的人类在这种场合中会有什么反应呢？人类会在脑中建立或者想象拐过去后最可能遇到的一些情况，例如，有人放冷枪、多人火力扫射、敌人扔出来手雷……大脑会针对这些预测出的或者想象出的场景分别制定战术。换言之，人类大脑会根据之前的经验和想象来计算一条可能获得奖励的路径。

回到游戏场景中，对于士兵而言，可以将未来可能被预测出的场景记为 $state(f)$，将实际的场景设为 $state(t)$，我们需要衡量这两种场景之间的差值。如果差值越小，说明士兵对环境越熟悉，差值越大说明对环境越不熟悉，需要士兵再去重新熟悉适应新环境。

而对于环境的熟悉程度就是我们想要的奖励。这就被称为好奇心（Curiosity）网络。

图 5-9 游戏中场景

要注意的是，我们只想预测 agent 的行为变化导致的影响或环境变化，而忽略其余的改变。这意味着不需要从原始感知空间（raw sensory space）进行预测，而是将输入转换为特征向量。这里面的关键是对奖励的计算，论文作者创建了 ICM 模块来计算。在 ICM 中，包含了两部分，分别是 state 特征提取网络和 state 预测网络。

state 特征提取网络就是图 5-10 中的 Inverse Model：将状态 s_t 和 s_{t+1} 编码为特征向量 $\phi(s_t)$ 和 $\phi(s_{t+1})$，这些向量经过训练以预测动作 $\hat{a}_t$。

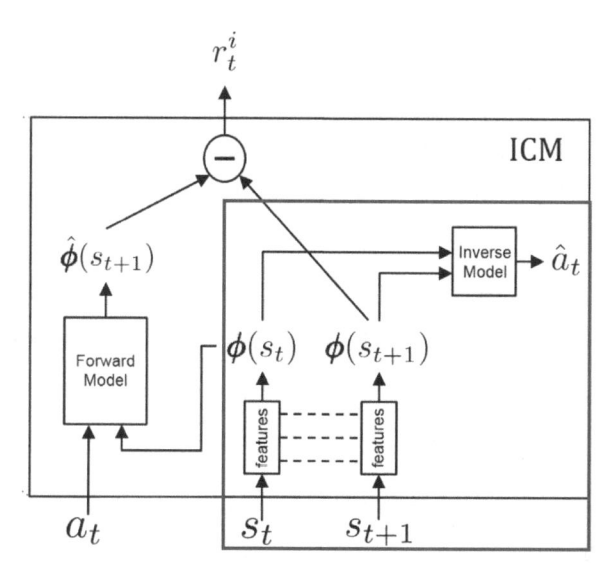

图 5-10 Inverse Model 输入输出[22]

而 state 预测网络就是图中的 Forward Model：将 $\phi(s_t)$ 和 a_t 作为输入，并预测 s_{t+1} 的特征表示 $\phi(s_{t+1})$，如图 5-11 所示。

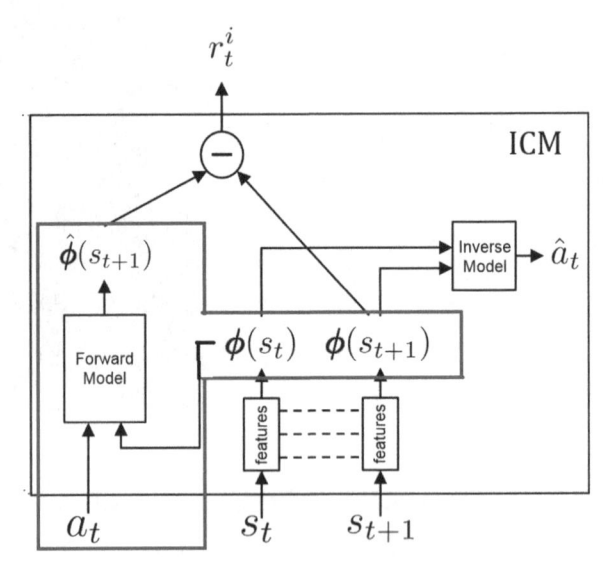

图 5-11　Forward Model 输入输出[22]

然后论文作者使用这个特征空间来训练一个前向动力学模型，该模型预测下一个状态 $\phi(s_{t+1})$ 的未来表示，给定当前状态 $\phi(s_t)$ 的特征表示和动作 a_t。最后，将正向动力学模型的预测误差作为内在奖励提供给智能体，以鼓励其好奇心，即

$$\text{Curiosity} = \text{predicted\_}\phi(s_{t+1}) - \phi(s_{t+1})。$$

回顾一下好奇心网络的重点。

- 由于外部奖励不易确定，以及我们可以在某些步骤并没有奖励时给定一个奖励，所以诞生了好奇心网络。好奇心网络将目标转换到更高的误差上，从而能更好地探索环境。
- 在大多数情况下，我们无法通过预测下一帧来预测下一个状态（太复杂了），所以使用了 ICM 框架，它只考虑模型可以控制的部分和影响整个模型的特征部分。
- 使用由两个模型组成的内在好奇心模块：用于学习状态和利用反转模型学习到下一个状态的特征，以及用于生成下一个状态的正向动力学模型。
- predict_$\phi(s_{t+1})$（正向动力学模型）和 $\phi(s_{t+1})$（逆向动力学模型）之间的差异就是好奇心的表示。

以上描述了强化学习中好奇心网络的基本概念，但对于股票市场来说，加入好奇心机制是好还是不好呢？我们要清楚的是，好奇心网络是一种针对数据过于稀疏或一致的奖励机制，本质是让模型走出不断重复的某种困境。想要知道它是否适合预测股票市场，先要明确市场上同样的环境是否会导致同样的股价涨跌，即相似环境会带来同样的结果，这是我们想要的吗？符合真正的股票市场变化吗？请读者看看下面的好奇心网络回测结果（如图 5-12 所示）再思考这个问题。

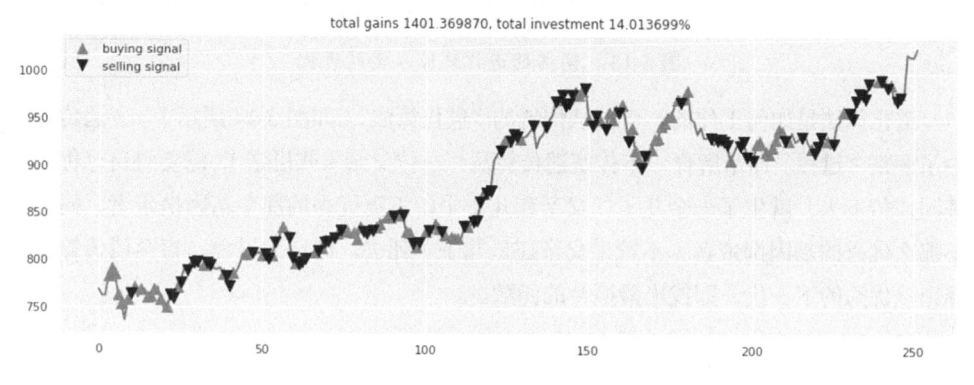

图 5-12　好奇心网络回测结果[23]

回测结果表明：大多数情况下的相似环境或者相似的历史数据，不一定会产生相似的涨跌表现，所以好奇心网络带来了正向的收益。

第 6 节　神经网络自动进化：Neuro-evolution

前面主要阐述了强化学习的基本结构，所以本节来聊聊神经网络的进化。进化算法可以算是比较特殊的一类结构，它并不是一般意义上的强化学习，可以被认为是一种优化方法。

在学习"进化算法"（evolution strategy）前，先来看图 5-13。

这张图将人类的进化和神经网络的进化进行了类比：人类从猿类变为真正意义上的人，主要是经历了突变（新增遗传信息）、移除（通过死亡来移除不需要的遗传特征）。通过一代代人的突变和移除，我们成为今天的样子。而神经网络的进化就像大自然通过突变或移除一些潜在的遗传密码来提高大脑的功能一样，我们同样希望人工神经网络通过进化算法能够产生越来越好的结构、权重和超参。简单地说就是将进化的思想运用到神经网络参数优化的迭代中。

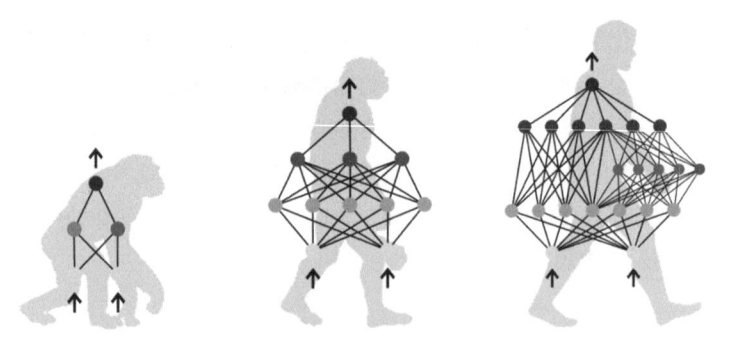

图 5-13　网络的进化就像人类的进化

进化算法是如何工作的？可以从传统的"进化算法"（如图 5-14 所示）——遗传算法中了解整个过程。简单解释一下传统遗传算法：一位父亲（或母亲），需要将自己优秀的基因遗传下去，就生了一个儿子，父亲和儿子中留下更优秀的那个基因携带者，同时让不那么优秀的基因携带者（不管是父亲还是儿子）死去。循环此过程，直至遗传算法选择出最优秀的下一代，即找出最拟合的函数。

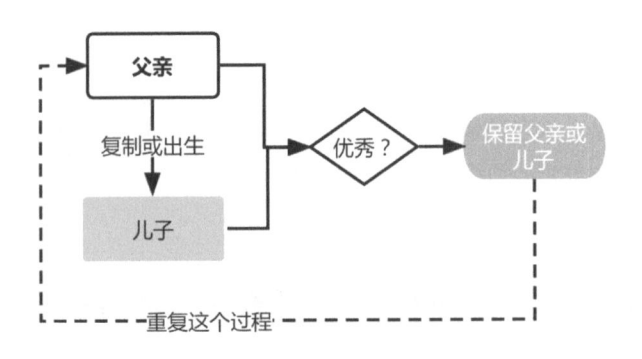

图 5-14　传统的"进化算法"

由此可知，进化算法与生物进化有相似的理论基础，其差别无非是生物进化依靠自然环境筛选优秀基因，进化算法由人类控制筛选优秀"子代"。所以进化算法的早期版本可能受到生物进化的启发，在抽象层面上，进化算法可以被简单解释为对群体进行抽样，并允许成功留下的个体决定后代的分布。我们从中抽象出数学解释后可以发现：进化算法就是一类简单的黑盒随机优化技术。

黑盒优化，即寻找特征到目标的映射，但是无法描述或解释映射关系，只能通过不断地尝试输入数据到黑盒函数中，再通过得到的输出值来"猜测"黑盒函数的结构信息。假设黑盒中放入了 1,000,000 个数字（恰好描述了策略网络的参数），出来 1 个数字（总奖励），我们要找到 1,000,000 个数字的最佳设置。如果用数学解释来给黑盒下定义，就是针对输入向量 w（网络的参数/权重）优化函数 $f(w)$，我们不对 f 的结构做任何假设（黑盒），但可以评估输出结果。直观地说，进化算法的优化是一个"猜测和检查"的过程，可以从随机赋值的参数开始，反复执行以下两个步骤。

第一步，随机调整猜测；

第二步，将参数向更好的猜测方向调整。

具体而言，每一步都设置一个参数向量 w，并通过用高斯噪声抖动 w，来生成一个由 100 个略有不同的参数向量 w_1，……，w_{100} 组成的群体（从父辈复制出子辈）；然后将相应的策略网络在环境中运行一段时间，来独立评估每一个候选者，并将每种情况下的奖励相加。更新后的参数向量为 100 个向量的加权和，其中每个权重与总奖励成正比（即我们希望更成功的候选人具有更高的权重）。在数学上，你会注意到这也等同于使用有限差分去估计参数空间中预期奖励的梯度，只是这里做了限制，只沿着 100 个随机方向（100 个参数）进行。当然也可以把它看成应用了强化学习（策略梯度），其中代理的动作是使用高斯策略评估的整个参数向量，下面是部分核心算法的实现代码。

```
import numpy as np
solution = np.array([0.5, 0.1, -0.3])
def f(w): return -np.sum((w - solution)**2)


npop = 50      # 人数
sigma = 0.1    # 噪声标准偏差
alpha = 0.001  # 学习率
w = np.random.randn(3) # 初始化随机器
for i in range(300):
  N = np.random.randn(npop, 3)
  R = np.zeros(npop)
  for j in range(npop):
    w_try = w + sigma*N[j]
    R[j] = f(w_try)
  A = (R - np.mean(R)) / np.std(R)
  w = w + alpha/(npop*sigma) * np.dot(N.T, A)
```

就像前面所提到的，以上代码中定义了函数 $f(w)$，它是所有 w 的累加和，w 没有添加任何其他代码，直接用随机数函数生成 3 个随机数，根据 npop 定义生成 50×3 的随机数矩阵，作为每一代随机产生的后代特征。每一次迭代都进行某些计算（暂时不用理解具体计算过程），这些计算结果会更新 w，实现代码如下所示：

$$w = w + \text{alpha}/(\text{npop} \times \text{sigma}) \times \text{np.dot}(N.T, A)。$$

我们使用进化策略算法在特斯拉（TSLA）股票上进行测试，一年中的盈利是 110%，测试结果如图 5-15 所示。

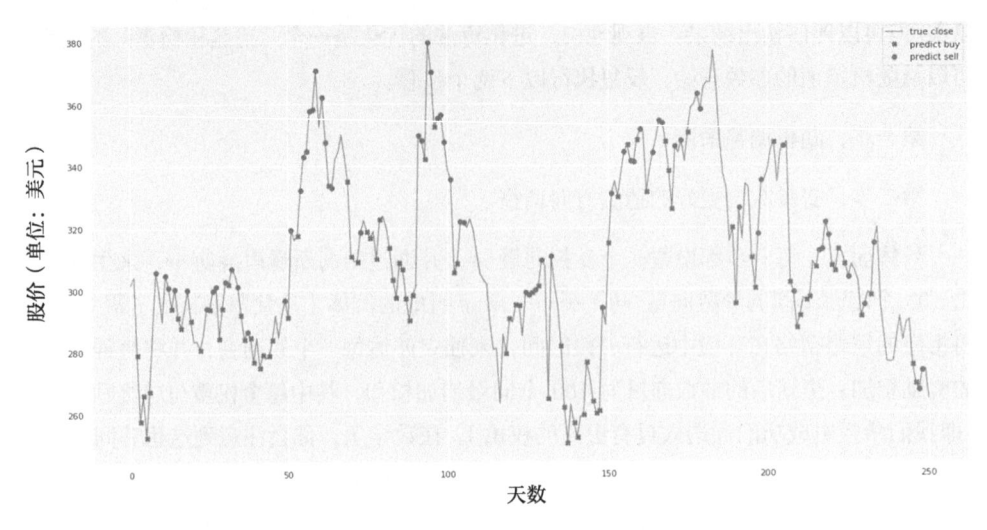

图 5-15　进化算法预测结果[24]

第 7 节　强化学习的框架选择

现在我们已经明确了实现强化学习交易策略需经过几个必要步骤：预处理市场数据、建立训练环境、管理交易状态以及回测交易表现。要完整实现整个周期是非常繁琐的，由于此实现过程中的很多功能模块都是可以复用的，所以一个包含关键结构并且易于修改的强化学习交易的框架就很重要了。

笔者曾有机会为 FinRL[25]开源项目贡献一些代码。即便是初学者也能利用 FinRL 框架快速搭建强化学习交易策略，并试验想法。FinRL 有以下优势（来自 GitHub[25]）。

- FinRL 有一个完整的流程来帮助初学者梳理强化学习交易策略中的每个步骤。
- FinRL 实现了先进的 DRL 算法和常见的奖励函数，同时减少了调试的工作量。
- FinRL 框架简化了交易策略的开发，帮助研究人员和量化交易者以高周转率迭代策略。
- 初学者可以将 FinRL 作为学习深度强化学习算法的起点，如可以直接使用 DQN、DDPG、PPO、A2C 等算法。

图 5-16 是 FinRL 的框架图。

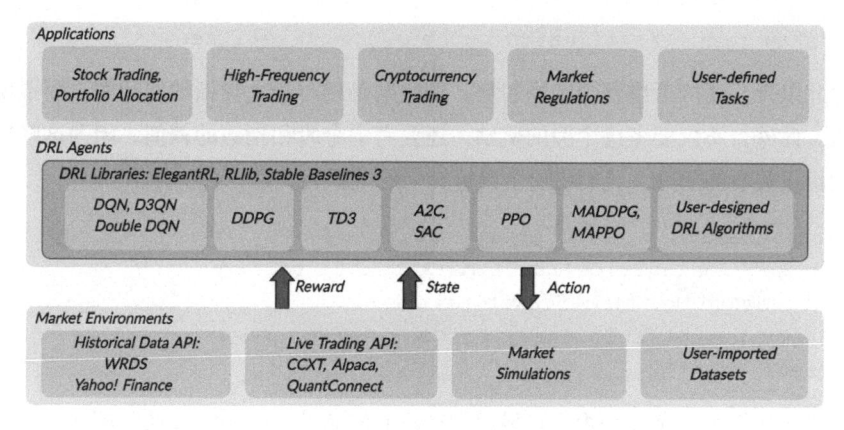

图 5-16　FinRL 框架图 [25]

官方案例见链接 5-1。

第 8 节　设计一个符合交易系统的奖励

对于强化学习来说，目标就是指奖励。本节我们从最简单的目标开始，寻找并设计出最合适的奖励。

首先能想到的奖励是将买入—持有—卖出整个阶段赚的钱直接作为奖励函数，即用实际的价差作为判断依据，相关代码如下。

```
self.reward += (self.exit_price - self.entry_price)
```

该奖励函数的设计简单而直接，能最大限度利用获利或者亏损价差，也能忠实反映股价的走势，但是用此奖励函数训练模型后会发现价差太高，导致买入卖出的频率大大增加，在交易时常常稍微有些价差就会产生买入卖出动作，所以该奖励设计并不是最好的。

那么如何改进才能降低这种价差"敏感性"呢？直观上能想到的就是将买入卖出的价差变为相对百分比，代码如下所示。

```
self.reward += ((self.exit_price - self.entry_price)/self.entry_price )
```

这样看起来好了一点，而一个真实的交易系统，必然要考虑每次的交易费用，我们接着加入买入卖出时的交易费率，相关代码如下。

```
self.reward += ((self.exit_price -
```

```
self.entry_price)/self.entry_price + 1)*(1-self.fee)**2 - 1
```

除此以外,还应考虑整个市场趋势,即奖励是相对于大盘指数的超额,而不仅仅是绝对值。此外,不仅要考虑个股的奖励,还要考虑**个股和指数的差值**,因为这些超额才是我们真正关心的部分。我们将这个目标转化形成新的奖励,代码如下。

```
    market_reward = (self.entry_market -
self.marketClosingPrice)/self.marketClosingPrice
    self.reward += ((self.exit_price -
self.entry_price)/self.entry_price - market_reward +
1)*(1-self.fee)**2 - 1
```

再进一步思考,奖励是否可以设计为在不同的条件下有不同反馈?基于此,我们想到可以分开处理股价的涨跌,这样的好处是可以更灵活地单独加大对亏损的惩罚,提升对赚钱的奖励。在实际操作中,假设我们是风险厌恶型的交易员,只想改变亏钱的部分,那么赚钱时仍按照原有方式设计奖励,而亏钱时(reward<0)则叠加惩罚,代码如下所示。

```
    if self.reward< 0:
      self.reward += self.reward* 2
    else:
      pass
      # self.reward = self.reward   #利润不变
```

这里也可以尝试夏普率,将它直接作为奖励,或者将其加入目前的奖励中。具体采用什么作为奖励,大家可以多尝试,此处只是给出一些参考,不要限制自己的想象。

第 9 节 双 agent:选择交易时机和交易价格

强化学习中的 agent,就像一个人在独立考虑如何交易;但现实生活中,人们所做出的某次交易或投资行为,往往集中了很多研究员的智慧。如果在体系中引入多个 agent,就类似于做投资决策的是一个群体而不是单个人,这样会不会取得更好的效果?这种思想与集成模型很像,都是利用了 stacking 机制汇集多个 agent 的"劳动成果"。

在训练过程中,每个 agent 都被引导以不同的方式行动,同时尽可能最大化自己的回报。我们来看一篇论文[26],它主要介绍了如何在股票中应用多 agent,MAPS(Multi-agent Reinforcement Learning-based Portfolio Management System)作为一个系统使用了多个 agent 进行强化学习的训练。根据美国 12 年市场数据的实验结果,MAPS 的表现优于大多数单 agent 强化学习模型。

多 agent 实现的关键点就在于：在计算 loss 时分为局部 loss（对应目前的 agent）和全局 loss（对应所有 agent），也就是单个 agent 和所有 agent 的差都需要考虑。图 5-17 和图 5-18 分别是 MAPS 架构图和论文中多 agent 的预测结果。

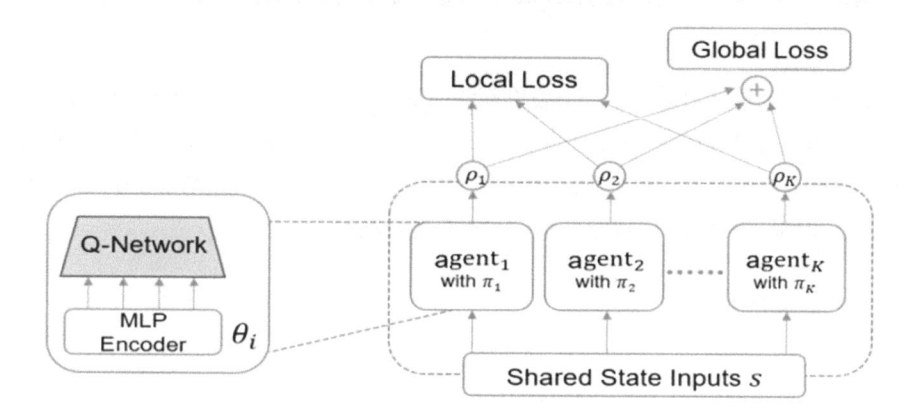

图 5-17　MAPS 架构 [26]

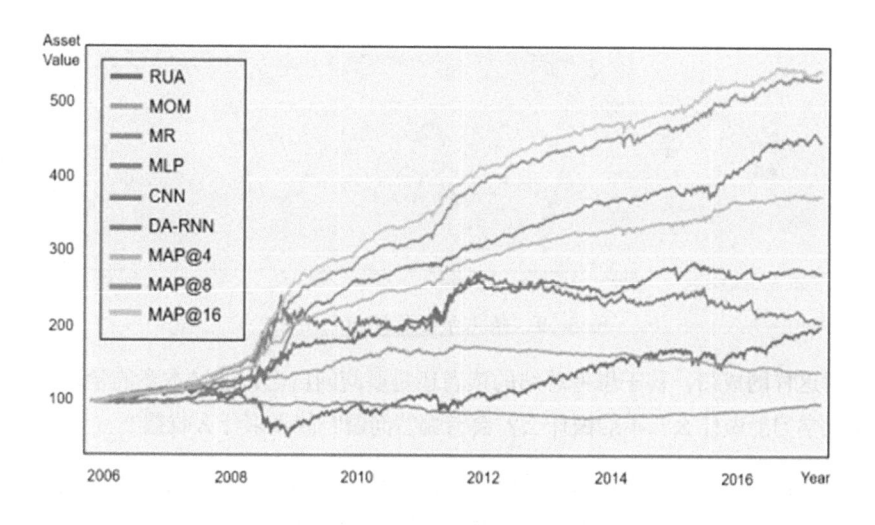

图 5-18　多 agent 的预测结果 [26]

其中 RUA 是罗素 3000 指数。MAP 后面的 4、8、16 分别是 agent 的数量。可以看出来 16 个智能体和 8 个智能体相比，预测能力并没有太大提升；但是 8 个智能体和 4 个智能体相比，预测能力提升巨大。说明更多的 agent 学到的信息更多。但这是有边界效应的，当达到 16 个 agent 时，再和 8 个 agent 相比，提升就不明显了。

此处（参见链接 5-1）有一个例子说明强化 agent 对标记的影响，感兴趣的读者可以自行阅读。

第 10 节　应用强化学习需要注意的事项

本节结合强化学习建立了一个股价预测模型。如图 5-19 所示，该模型从 2021 年 4 月开始回测，可以看到在 2021 年 9 月—10 月间有一个个高峰，此时获取了超过 30%的盈利，尽管经历了 1 月份的大跌，但直到 1 月底，该模型的回测结果和中证 500 指数（zz500）、沪深 300 指数（hs300）相比，也有超额利润。

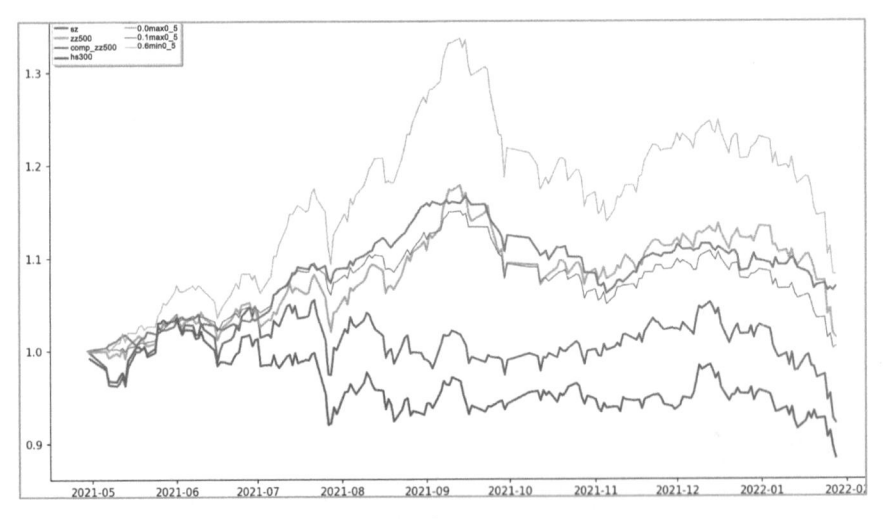

图 5-19　强化学习最终回测结果

面对这样的成绩，善于思考总结的读者还是要问问自己，通过本章的学习，我们了解到强化学习能做什么？不能做什么？会有哪些问题？能带来什么收益？

我们常常期望仅用一个模型就能稳定而准确地预测各种市场情况，对于强化学习模型也是如此，不过尺有所长必有所短，任何一种预测方法或算法都只能帮助达成一部分目标，或者只适合某些投资标的。

根据笔者的经验，在回测时，发现强化学习对于价格高低的判断还是有一定准确率的，换个说法就是强化学习对于价格变化比较敏感，但对于某些翻转行情，或较大的趋势行情判断则存在一定程度的误判，即使我们使用了以 RNN 为基础的 Q 网络，都只能在一定程度上改善最终结果。

在真正的股市预测中，应该结合大级别的趋势判断以及重要的翻转判断来辅助强化学习。例如，可以使用决策树算法和新闻情感算法来预测周级别的趋势，使用强化学习的模型来做买入卖出点的判断，使用更小级别的分钟或 tick 数据来做更加精细化买入卖出价格的判断，使用一个仓位模型来辅助判断买入仓位，等等。

在没有算法之前，对于人工操盘手而言，并没有一套能长期在股票市场赚钱的方法或系统，总是需要不停修正思路，根据自己的思路执行买入卖出操作。操盘手每天都要盯盘、复盘，考虑下一个操作是否符合自己的规则，或者哪种操作思路会有问题，以及是否需要修正做出改变。算法当然也一样，作为算法工程师的我们，首要目标是尽可能地减少回撤，增加利润。这也对我们提出了更高要求：不能脱离业务一直研究算法，必须像人工盯盘那样，不断思考"人"需要做出哪些选择才能获取更高的利润，积累"盘感"。只有你具备了"盘感"，你的算法才会有"盘感"。

第六章
传统的指标：神奇还是普通

第 1 节　斐波那契数列

斐波那契数列（Fibonacci sequence），由数学家列昂纳多·斐波那契以兔子繁殖为例子而引入，故又称为"兔子数列"。斐波那契数列指的是如下的数列：0，1，1，2，3，5，8，13，21，34，55，89，144，233，377，610，987，1597，2584，4181，6765……

该数列的规律是从第 3 项开始，每一项都等于前两项之和。换句话说就是在 0 和 1 之后，每个数字是它之前两个数字的总和（1 + 2 = 3，2 + 3 = 5，5 + 8 = 13，8 + 13 = 21 等）。斐波那契数列的概念很简单，表现出的数字也简单。股票投资中的指标非常多，为什么要单独说斐波那契数列呢？这是因为大部分指标都有滞后性。股票中的基础数据例如买卖数据形成了 5 个 K 线指标，K 线指标又可以形成大部分的传统指标，显然这些指标出现后已经晚于真正的市场动向，而斐波那契数列正好是为数不多的可以提前预测市场形势的指标。这就好比万物都有某种潜在规律，而这种潜在规律已经被数学家斐波那契发现了。

那么如何用斐波那契数列预测股价趋势呢？斐波那契数列的另一个名称是黄金（分割）数列，即用数列中的任意数字除以前一位数字，其值均接近 1.618，如下所示：

21/13 = 1.6153，34/21 = 1.6190，55 / 34 = 1.6176，89 / 55 = 1.6181……，随着数字不断变大，该值越来越接近 1.618。

反之，如果用前一位数除以后一位数，则其值近似于 0.618，如下所示：

13/21 = 0.6190，21 / 34 = 0.6176，34 / 55 = 0.6181，55 / 89 = 0.6179……，同样，随着数字越来越大，该值越来越接近 0.618。这就是关键点 61.8%回撤点位的数学基础。

除此之外，斐波那契数列还蕴含了股价趋势的预测线，即将一个数字除以临近相隔的数字时，其值近似于 0.382，如下所示：

13/34 = 0.3823，21/55 =0.3818，34/89 = 0.3820，55/144 = 0.3819……，随着数字逐渐变大，该值越来越接近 0.382。这就是 38.2%回撤点位的数学基础。另外，这个数字正好和前面的 0.618 可以关联起来：1-0.618 = 0.382。

举一反三，如果将当前的数除以之后间隔 2 位的数，其值近似为 0.236：

13/55 = 0.2363，21/89 =0.2359，34/144 = 0.2361，55/233 = 0.2360……，随着数字逐渐变大，相除的结果越来越接近 0.236，这是 23.6%回撤点位的基础。

1.618 是指黄金比例或黄金平均值，也称为 ϕ，1.618 的倒数是 0.618。它们不仅应用在股票市场，也应用在自然，建筑，艺术和生物学中。

基于斐波那契比率衍生出斐波那契指标：画出水平分割线，这些分割线的位置是重要的市场走势转折点。

使用上文斐波那契数列的几个比率，分别在股价的 0.0%、23.6%、38.2%、50%、61.8% 和 100% 的位置绘制六条与趋势线相交的水平线，作为参考线（如图 6-1 所示）。

图 6-1　在黄金比例位置绘制水平线

接着我们观察从 4 月 9 日开始的股票回撤点位和高点位置，可以看到每次到了水平线位置都有强支撑（即每次在这个位置附近都会有一波反弹），这就是斐波那契回撤的应用。依此规律可以推测，股价未来如果继续运行到 23 元时会在 50% 的阻力位上有支撑，在这个位置的反弹概率比较大。

我们总结一下：

（1）使用斐波那契回撤来发现支撑位和阻力位，这些支撑位和阻力位可作为止损线或止盈线。

（2）可以将斐波那契指标与移动平均线、随机指标和动量等其他技术指标结合使用。

（3）最常见的斐波那契比率是 38.2%和 61.8%。在图 6-1 中我们还使用了其他比率，例如 50%，以及代表短期目标的 23.6%。

（4）假设价格上穿 38.2%的回撤位趋势线，股价可能会接近 50%或 61.8% 的回撤点位。也就是说如果存在一个低点，那么很可能它不会处于 38.2%～50%的中间位置，而是会在接近 50%的位置。同样，一旦突破了 38.2%，回落前的最高点肯定会在 23.6%左右。

（5）画线的顺序很重要，在下跌趋势中要从高点连至低点，在上涨趋势中要从低点连至高点。

（6）通常我们会参考基础 K 线指标中的成交量指标共同做出趋势反转的判断。

第 2 节　ABCD 交易法

学习了基础的斐波那契数列后，在股票市场上套用相应的比率，会发现市场不但遵循黄金分割的基础规律，而且还有一套隐含的规律，我们继续研究该规律后，发现可以将它总结成一套交易模式，即 ABCD 模式。

当股价处于上升趋势时，到了某个阶段总会有个相对小的回撤，经历了此回撤后，便开始新一轮的上升。这种 3 段结构看起来就像一道闪电。而在下降趋势中，同样也有类似的规律，即在下降到一定的阶段时，总会有一个相对小的股价回抽，之后便开始新一轮的下跌。

认识了股价上升下降的内在规律，也就能了解 ABCD 模式之所以重要的原因：它能帮助我们识别任一市场（外汇、股票、期货等）、任一时间范围（盘中、摆动、仓位）和任一市场条件（牛市、熊市或区间市场）中的交易机会。可以这么说，所有的模式交易法基本都基于 ABCD 模式。

图 6-2 是 ABCD 模式示意图。

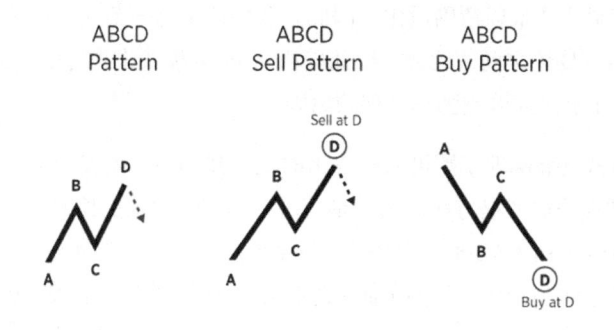

图 6-2　ABCD 模式 [27]

从图中可以看出，每个转折点（A、B、C 和 D）都代表了价格图表上的显著高点或显著低点。这些点定义了三个连续的价格波动或趋势，构成了三种模式中线段的端点，我们据此将这些线段称为 AB 段、BC 段和 CD 段。根据该图形可以看出开始交易（买入卖出）的最好时机：在形态完成时，通常是在 D 点。综上，准确把握 ABCD 模式的不同形态有助于我们在交易前确定风险与回报。

那么如何掌握盘中 ABCD 模式的形态呢？从图中可以看出，每当 ABC 的线段形成时，在反抽到达高于或低于前期 B 点的位置时，就确认进入了 ABCD 模式。一旦高于或低于 B 点，就出现了明确的上涨或下跌信号。此时就能在 D 点反转时甚至未到反转时操作股票买卖。

我们再看一下真实的 ABCD 模式中的股价 K 线图，如图 6-3 所示。

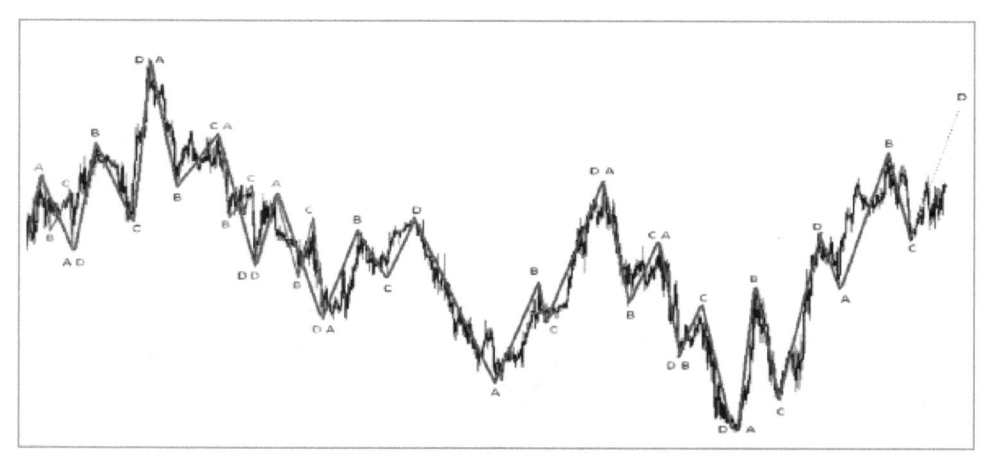

图 6-3　标明 ABCD 位置的股价 K 线[27]

可以看到，在真实的股价运行图中，股票的交易并没有产生长度固定的 ABCD 线段，这是因为交易结果往往难以精确量化。因此，我们使用上一节关键的斐波那契比率关系来寻找 AB 段和 CD 段之间的比例，以此确认 ABCD 模式未来可能达到的顶部和底部，这也是我们在第 1 节阐述斐波那契数列的原因。

为了使交易者更准确地了解进入和退出时机，我们可以将斐波那契数列的规律总结成像 ABCD 模式这样的交易方法。那么是否可以确定该模式交易的时间范围呢？这里给出一个普遍规律：在任何给定时间范围内，每个形态的线段通常落在 3~13 根 K 线的范围内。如果在给定时间范围内的形态范围远大于 13 个周期覆盖的范围，交易者可以扩大时间范围，比如利用周 K 线图或月 K 线图，这样能将 ABCD 模式看得更清楚。

下面简单介绍 3 种类型的 ABCD 模式（每种都有看涨和看跌版本），此处引入了斐波那契比率来帮助定位关键买卖位置，如图 6-4 所示。

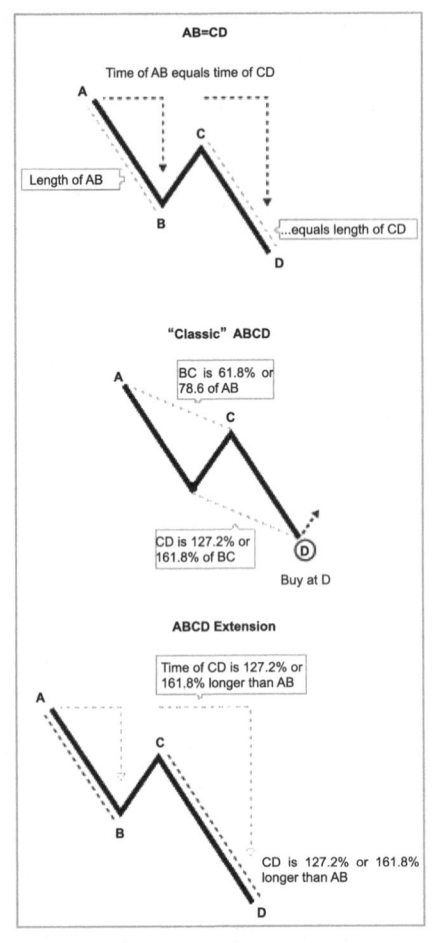

图 6-4　ABCD 模式下的关键买卖位置[27]

从图中可以看出：

（1）在大部分标准的 ABCD 模式中，AB 段长度=CD 段长度，即它们涵盖的股价走势的时间范围也是接近的。

（2）以图中的上、下降趋势为例，图中 BC 段的长度通常是在 AB 段长度的 61.8% 处，正好是斐波那契比率。

（3）如果 AB 段长度不等于 CD 段长度（此处的线段是指股价的运行时间范围），那么大部分线段的长度都会遵循 CD 段长度是 AB 段长度的 1.618 倍这一规律，即在股价运行中，如果发现 CD 段的长度超过了 AB 段的长度，说明股价还会继续下行，直到 CD 段长度达到 AB 段长度的 1.618 倍止，这同样也契合斐波那契比率。

ABCD 模式显然不止这几种，下面我们继续学习进阶的 ABCD 模式：谐波模式。

第 3 节　谐波模式

以下列举了几种典型的谐波模式。

（1）BAT 模式

BAT 模式（如图 6-5 所示）的名称来自于它的形态，像一只蝙蝠。由于增加了一个起始点 X，它比 ABCD 模式的形态多了一条线段。第一条线段（XA 段）将导致 BC 回撤走势。如果股价经历了从 A 点到 B 点的下跌走势后，在图中 XA 段长度的 50% 处止跌，然后继续往上行，这样形成的图形我们称之为 BAT 模式。

图中 CD 段的长度必须至少是 BC 段长度的 1.618 倍。C 或 D 点的位置必须高于或低于图中 B 点的位置，否则 BAT 模式就不成立。在这种模式下，股价运行到 D 点时会有一个反转机会，这表示交易者可以开仓交易并且买涨（图 6-5 左图），或者买跌（图 6-5 右图）。

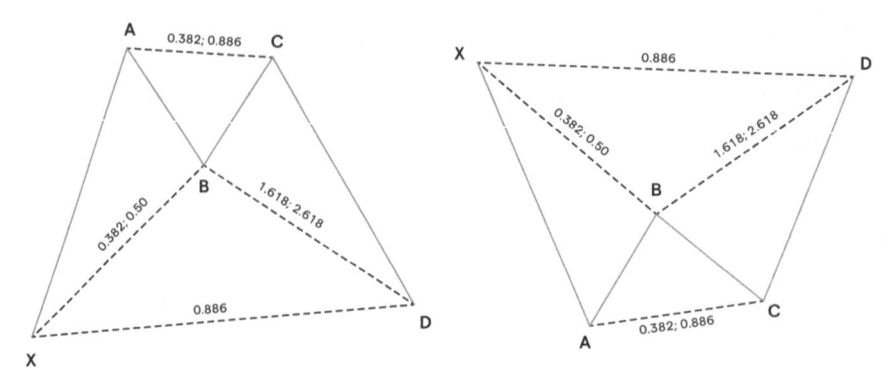

图 6-5　BAT 模式[28]

(2) 加特利模式

此模式如图 6-6 所示。

加特利模式与 BAT 模式相似，即在股价沿着 XA 段上升后，出现了 BC 段的回撤走势，只是 B 点必须精确到图中 XA 段长度 61.8% 的位置。在下降趋势中（如图 6-6 右图所示）止损点通常定在 X 点，而止盈点通常设置在 C 点。D 点的位置一般位于图中 XA 段长度的 78.6% 处，该点位一般用来验证该模式。

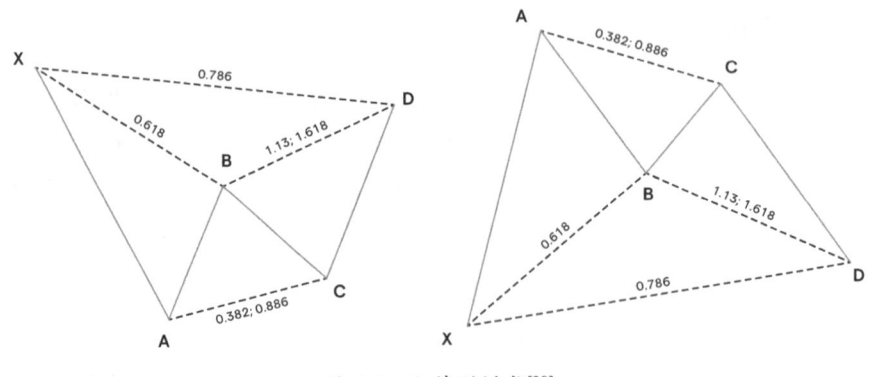

图 6-6　加特利模式[28]

(3) 蝴蝶模式

蝴蝶模式（如图 6-7 所示）使用斐波那契比率的不同组合来识别股价的回调。这是一个由四条边组成的反转形态。该模式与上面两种模式最大的区别是反转的位置，即图中的 B 点位置，它处于图中 XA 段长度 78.6% 的位置。

图 6-7　蝴蝶模式[28]

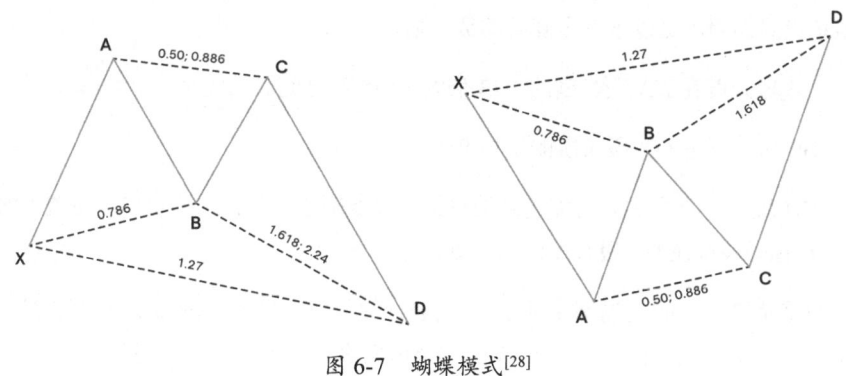

（4）螃蟹模式

螃蟹模式（如图 6-8 所示）也遵循 ABCD 模式的基本形态。螃蟹模式最重要的特征是它形成了图中的 CD 段，该段的长度大约是 XA 段长度的 1.618 倍。

图 6-8 的左图是螃蟹模式的看涨版本，当股价从图中 X 点急剧下降到 A 点时，就形成该模式的第一条边。图中的 AB 段长度大约在 XA 段长度的 38.2%和 61.8%之间。这样形成的 CD 段和 BC 段长度的比率可以是 2.618:3.14 或 2.618:3.618，最终形成的 CD 段确定了完成形态的有效区域和当前趋势的潜在反转点。

如图 6-8 右图所示是一个看跌的螃蟹模式。从图中可以看出，股价沿 XA 段上升到顶后开始下跌，随后沿 BC 段有适度上涨，之后再急剧下降到 D 点。

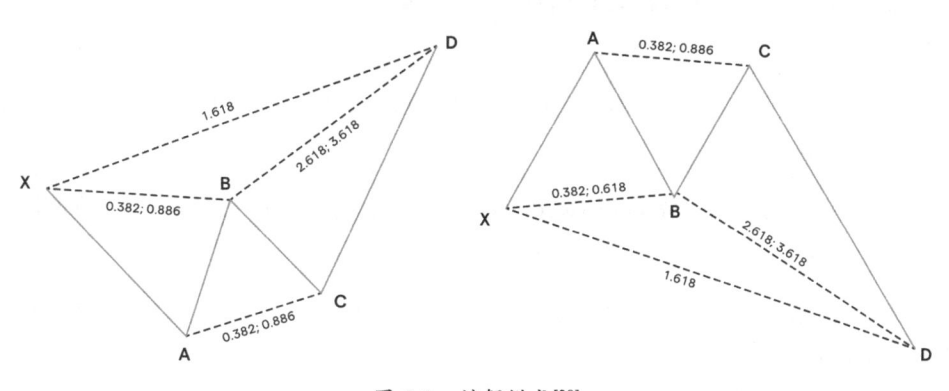

图 6-8　螃蟹模式[28]

（5）鲨鱼模式

鲨鱼模式（如图 6-9 所示）与螃蟹模式有一些相似之处。它是一种五线段的反转形态，其点位被标记为 O、X、A、B 和 C。

鲨鱼模式必须满足以下三个斐波那契规则。

- AB 段长度在 XA 段长度的 1.13 倍到 1.618 倍之间。
- BC 段长度是 OX 段长度的 1.13 倍。
- CD 段（D 点为未来可能达到的目标，只能确定方向，不确定具体位置）的股价目标一般是在 BC 段长度的 50% 处。

所有鲨鱼模式中的交易都是基于 C 点进行的，即一旦形成图 6-9 中的形态，则 C 点就是合适的买卖点，而 D 点可以作为一个预先确定的盈利或止盈目标。

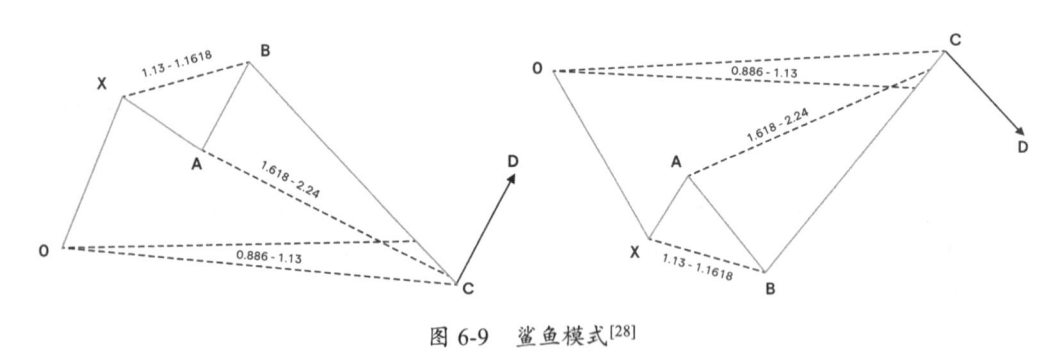

图 6-9　鲨鱼模式[28]

第 4 节　自动找出谐波模式

经过以上的学习，读者可能会问如何在真实的股票市场中快速识别出这些模式，进而找出买卖点呢？

如何识别谐波模式，取决于市场运动的类型（看跌与看涨）。虽然有许多不同的谐波形态，但大致可分为两类：看跌形态和看涨形态。

看跌与看涨谐波模式的区别是什么？看涨的交易者认为市场即将经历一个向上的价格运动，而看跌的交易者在操作时认为市场正处于一个下降的通道中。如果大多数谐波模式表明目前市场正处于上升通道中，那么看涨的交易者会利用该观察结果在市场上买入股票，以便从上升趋势中获利；反之，如果交易者注意到大多数的谐波模式都在下跌通道中，那么就卖出股票或者购买下跌期权。

对于这么多谐波模式，如果都依靠人力分析则过于耗费精力，而且有时也会因为遗漏关键信息而导致结果不准确，如果有算法来试着找出谐波模式呢？我们将每种模式的规则程序化，下面用蝴蝶模式为例来说明，其代码实现如下。

```
        AB_range = np.array([0.786 - err_allowed, 0.786 + err_allowed])
* abs(XA)
        BC_range = np.array([0.382 - err_allowed, 0.886 + err_allowed])
* abs(AB)
        CD_range = np.array([1.618 - err_allowed, 2.618 + err_allowed])
* abs(BC)

        if XA>0 and AB<0 and BC>0 and CD<0:
            if AB_range[0] < abs(AB) < AB_range[1] and BC_range[0] <
abs(BC) < BC_range[1] and CD_range[0] < abs(CD) < CD_range[1]:
                return 1
            else:
                return np.NaN
        elif XA<0 and AB>0 and BC<0 and CD>0:
            if AB_range[0] < abs(AB) < AB_range[1] and BC_range[0] <
abs(BC) < BC_range[1] and CD_range[0] < abs(CD) < \
                CD_range[1]:
                return -1
```

此处先定义 AB、BC、CD 段的规则和容错率（容错率是允许程序在寻找点位时包含误差），继而根据线段间的比较（大于或小于）找出符合该模式的股票形态。根据蝴蝶模式的原理和代码实现，我们传入相应的 K 线指标，并找出了类似的模式[29]，如图 6-10 所示。

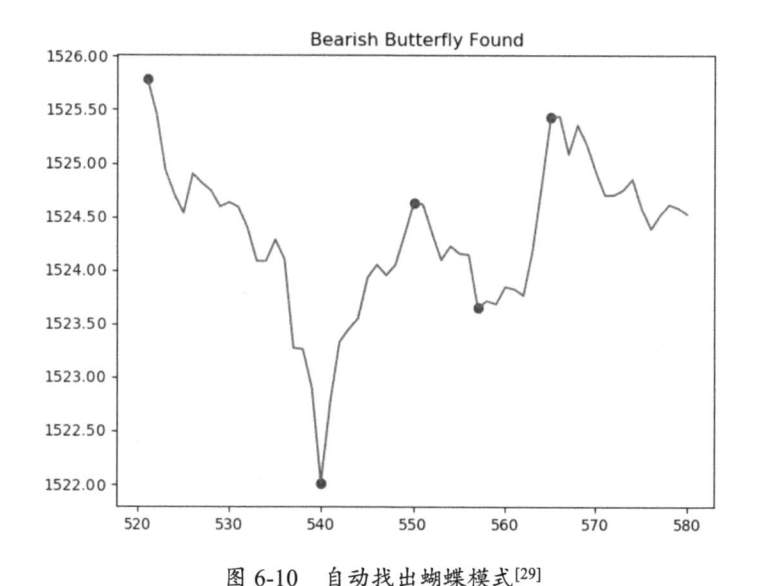

图 6-10　自动找出蝴蝶模式[29]

要将以上所有的模式全部编码也是非常费时的工作，所幸 GitHub 上已经有这部分代码[29]，我们只需要传入相应的股票数据即可。当然，如果需要在线上使用代码寻找谐波模式，那么这个 GitHub 库还不够方便直接，因为每次都需要手动传入股票数据才能得到模式。这里向大家推荐另一个 GitHub 库[30]，它能不停地获取最新投资标的价格，如果找到相应模式则可以通过微信发出通知，这样便有足够时间进行买入或卖出的操作，相对更方便。该库的使用也很简单，其代码如下。

```
detector = HarmonicDetector(error_allowed=0.07, strict=True, 
predict_err_rate=0.07)
search = partial(search_function, detector, 
ccxt_args=ccxt_options, only_last=False)
s = ['BTC/USDT', 'ETH/USDT']
search('binance', s, periods = ['15m', '30m', '1h', '4h'])
```

至此，我们已经从斐波那契数列一直谈到了谐波模式。大家可能会有疑问，既然是量化交易的算法书，为什么还要讲图形呢？根据笔者的认识，原因只有一个：我们所处的市场是不完全理性市场，也就是说大家买入卖出的动作不是基于一个完全理性的人的思考而做出的，而是受很多其他因素影响。这些影响带来的真实交易会导致作为投资者的我们看到的一切消息都不是真实的，级别越小的数据真实性越差，级别越大的数据真实性越好（同时也越滞后），要组成一个图形所用到的线段数据都不会是超短期的（当然和你的交易级别有关，比如高频交易），而研究图形也是为了从一个侧面了解被"虚假"信息掩盖的真实市场。更何况，我们还能利用算法让整个过程自动化，何乐而不为呢？

第七章
高频交易

第 1 节　套利交易：魔鬼的价差

本章来了解一下高频交易中的重要组成部分——套利。我们在各种文章中可能都看到过套利交易，套利交易（或简称"套利"）是高频交易中比较特殊的一种交易类型，也是本节要讨论的内容。

套利通过同时在一个市场上购买资产并在另一个市场上出售来产生利润。通常我们会在不同交易所交易相同资产完成套利操作。理论上，这些金融工具之间的价格差异应该为零，因为它们实际上是同一种资产。

实际上，不同市场之间的信息同步问题以及信息处理问题会导致价差，价差又可以让你在不同市场上获利；这种获利常常又能反过来推进市场之间的信息流动，以尽量减少价差，保证各个市场间的公平高效运转。从另一个角度来说，套利交易解决了市场间的价差问题。

套利交易者需要找到这些定价差异，并能够快速交易，由于市场上还有其他套利交易者也会看到这种价格差异，因此获利时间窗口很短，所以单靠人工观察来操作套利交易几乎是不可能的。另外，由于套利交易通常是低风险的，因此回报通常很低，这也意味着套利交易者不仅需要迅速采取行动，而且还需要准备大量资金或者使用杠杆才能赚取一定利润。

我们来看看套利交易的关键要点：

- 套利是在不同市场同时购买和出售资产，以利用价格之间的微小差异。
- 套利交易可以在股票、商品和货币中进行。
- 套利利用了市场不可避免的低效率。

只要任何股票、商品或货币可以在一个市场以给定价格购买并同时在另一个市场以更高价格出售，就可以运用套利。这种多市场间的套利行为是风险很低的获利方式。当然这种获利方式越来越少。例如原来在加密货币市场并没有做任何买卖限制，你可以自由买卖，自由地移动法币和加密货币，但现在各个加密货币市场都用生效时间（例如充值后 t+1 日才可以交易）来限制加密货币的转出或转入，并且各个市场间的价差也越来越低，如果刚刚进入这个市场，很难靠一般的套利算法来赚钱。

举个例子来说明套利策略：中国人寿的股票在上海证券交易所（简称"上交所"）和

港股市场的交易价格不同,我们假设上交所 27 元的价格和港股市场 11 元的价格一致,但下一时刻,港股市场价变为 11.1 元,上交所的价格仍旧不变。那么交易者在上交所购买股票并立即在港股市场卖出相同的股票,每股便可盈利 0.1 元。你可以一直利用这种套利方式,直到上交所的中国人寿股票卖光,或者上交所和港股市场的中国人寿股价又恢复到 27 元与 11 元,没有价差,意味着不再有套利机会为止。

除了上面简单的套利例子,套利还包括风险套利、零售套利、可转换套利、负套利、统计套利和三角套利等。

举个更复杂的三角套利例子:交易者在一家银行将货币 A 兑换成货币 B,在另一家银行将货币 B 兑换成货币 C,最后在第三家银行将货币 C 兑换回原始货币 A。每家银行都尽量保证所有汇率一致,但免不了在汇率波动中,各银行调整的频率或算法有微小区别,这就为套利留下了空间。例如,假设以 200 万美元开始。在三个不同的机构获得以下初始货币汇率。

银行 1:欧元/美元 = 0.894

银行 2:欧元/英镑 = 1.276

银行 3:美元/英镑 = 1.432

首先,你将以 0.894 的汇率将 200 万美元兑换成欧元,得到 1,788,000 欧元。接下来,再用 1,788,000 欧元按照 1.276 的汇率将其转换为英镑,即 1,401,254 英镑。接下来,你以 1.432 的汇率将英镑又兑换回美元,得到 2,006,596 美元。你只要兑换三次,所获得的无风险套利总利润就为 6,596 美元。当然在真实世界中兑换货币必然有损耗,那就看谁能将损耗控制在最低限度了。

有时候先兑换哪种货币至关重要,可能你刚完成第一轮的兑换,汇率就变化了,使原本可以套利得到的利润降为 0 甚至是负数,所以算法此时的作用常常变成对资产定价和波动率的预测。

在一个完备的市场中,套利的空间很小,但对于一个容易受到消息面冲击的市场而言,运用套利的机会就很多。

比如,可以利用政治军事消息进行套利操作:如果中东即将发生冲突,操作员会做多石油大宗商品,或关联股票;或者如果认为主要产油国的政治不稳定,也可以进行类似交易;等到局势逐渐稳定后,再将相应的资产平仓。

可以看出,套利交易表面利用价差赚钱,但其核心仍是预测市场的波动和方向,无论是通过技术面还是消息面。

第 2 节 跳绳交易

跳绳交易是一种比较特殊的高频交易方法，是利用多种投资标的形成的价差进行低买高卖的交易方式，因为如同猴子在绳子上上下跳动，故名跳绳交易（图 7-1）。

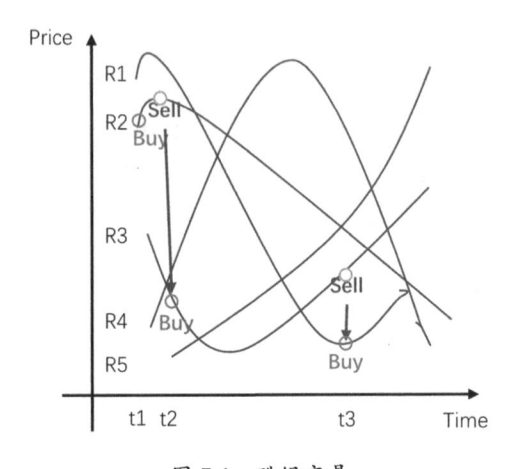

图 7-1 跳绳交易

如图所示，R1~R5 表示不同的加密货币，横轴是时间，纵轴为价格，不同加密货币根据时间和价格形成了一定的走势起伏，也就是不同的波动线。假设，目前我们手上拥有一个比特币，并用它购买了一个带有市场选项的加密货币（绳子 R2 是第一个买点），然后在 t2 时，发现该时刻另一种加密货币 ETH 即 R3 的价格低于 R2（此处的价格指的是相对价格），则卖出 R2，买入 R3；到 t3 时，R1 价格低于 R3，所以卖出 R3 买入 R1。像这样从初始开始持有 USDT，在加密货币价格相对低的位置买入它们，在价格相对高位时卖出，将每次的交易点位想象成一只猴子在绳索上跳跃，并尝试在每个周期都能做出正确的跳跃（低买高卖），这就是跳绳交易的核心原理。

根据跳绳交易的原理，我们设计强化学习的关键指标 reward 和 action 如下。

（1）action：可以设多种货币的 ID 为 action。比如，将['BTC-USD', 'ETH-USD', 'BNB-USD', 'XRP-USD']这 4 种交易对分别用[0，1，2，3]表示。

（2）将价格差作为 reward：reward=self.monkey_high – self.monkey_last_high。

（3）reward 可以设得小一些，防止跳跃时来回摆动的频率太快，如将价格差乘以 0.01：

reward = 0.01×(self.monkey_high – self.monkey_last_high)。

（4）最后使用 PPO（基于策略的更新）算法来更新，代码如下[31]。

```
if DoGym:
    model = PPO("MlpPolicy", env, verbose=1)
    model.learn(total_timesteps=100000)
    model.save("ppo_monkey")

model = PPO.load("ppo_monkey")

obs = env.reset()
while True:
    time.sleep(0.1)
    action, _states = model.predict(obs)
    obs, rewards, dones, info = env.step(action)
    env.render()
    print(info['monkey_high'], info['monkey_pos'])
    if info['time'] >= 100:
        env.reset()
```

跳绳交易的本质还是低买高卖。不同的是，在发起买卖判断时，跳绳交易者不止要考虑已操作标的，还要考虑其他对比标的。如果用强化学习来解释建构整个模型，就从理论上保证了交易标的（一群交易标的而不是一只交易标的）的最优盈利空间。

第 3 节　网格交易：利用好每一次波动

对于全球任意一个交易市场而言，单边的上涨下跌并不是主旋律，市场 70%以上的时间都处于波动走势。针对波动走势，传统的人工操作方法是预测买入价格，设置止损价格，设定卖出价格，等等。显而易见，完全依靠人工盯盘的交易成本很高，这样不可能做到更高的交易频率。如果想提高交易频率，就可以每次只赚取一点差额，积少成多，保证在持续赚钱的同时也能将风险降低到一个可控范围内——这就是信息论之父香农在 20 世纪 40 年代发明的网格交易策略。

网格交易的一个优点是它几乎不需要预测市场方向且可以轻松自动化。它的主要缺点是，如果市场趋势一直是单边运动，击穿了所设定的底线，而此时又没有其他资金补充，那么就只能眼睁睁地看着巨额亏损发生。

网格交易背后的思路是，如果价格朝着一个方向运行，那么你的仓位会增加。例如，随着价格上涨，会触发更多的买单，仓位增加。价格在一个方向上运行得越远，仓位就越大，账面利润就越多。当然交易者必须确定何时结束网格、退出交易，否则当价格反转时，这些利润将消失。

综上，交易者不能划分太多的网格，例如通常情况下将网格数量限制为五个。也就是说，在设定价格的上方有 5 个订单，如果价格超过了所有买单，账户就会获利。但如果价格走势的振荡超过所指定的网格范围，则会导致亏损。

在振荡或区间市场中，网格交易往往更有效。例如，交易者在设定价格以下定期下达买单，并在设定价格之上定期下达卖单。随着价格下跌，交易者做多；随着价格上涨，会触发卖单以减少仓位。只要价格一直横盘振荡，交易者就会获利，同时触发和卖出订单。

网格的问题在于风险不受控制，如果价格并不是在区间波动而朝一个方向运动，可能会累积亏损仓位，所以为防止一直亏损的情况产生，需要有止损策略并严格执行。

要构建一个网格策略，需要遵循以下几个步骤。

（1）选择一个区间，例如价格的 1%、2% 或 4%。

（2）确定网格的起始价格。

（3）确定做多市场还是做空市场。

在做空市场中，假设交易者选择 1.1550 的起点和 10 个点的间隔。在 1.1560、1.1570、1.1580、1.1590 和 1.1600 下达买单。在 1.1540、1.1530、1.1520、1.1510 和 1.1500 放置卖单，也就是俗称的高买低卖。

假设交易者选择使用做多市场，仍然选择 1.1550 作为起点并以 10 个点为间隔。他们在 1.1540、1.1530、1.1520、1.1510 和 1.1500 下达买单；在 1.1560、1.1570、1.1580、1.1590 和 1.1600 下达卖单，也就是低买高卖。

不管是做多还是做空市场，如果价格朝一个方向移动就需要进行止损处理。例如，我们准备用网格做多比特币，查看当前比特币的价格为 60,000 美元，就可以设置 59,000 美元的下限和 61,000 美元的上限。这两个限制之间的区域就是它们的"网格"。一旦价格跌至 59,000 美元，就会执行买单，当价格上涨到 61,000 美元时，就会执行卖单。你也可以设置多个网格价格，当执行到相应价格后便自动买卖。

一般在各种市场推出的官方交易软件内，都会内置网格交易（如图 7-2 所示），交易者只需手动选择一个下限和一个上限即可，这些订单将由程序以特定价格自动执行。

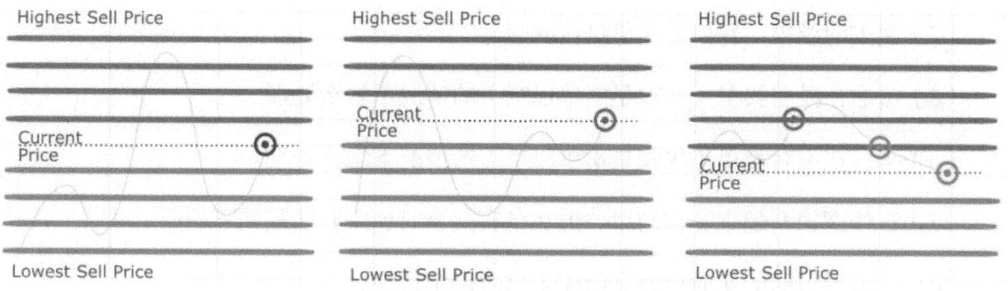

图 7-2　波动加密市场中的网格交易（来源：TradingView）

下限和上限之间的差距越大，盈利潜力就越高。例如，如果将买入定单设置为 60,000 美元，而将卖出定单设置为 65,000 美元，就会比 61,000 美元有更多的利润。

网格交易的最佳市场环境是每日价格波动低于 2%~3%，所以这种交易方式经常用于外汇市场，因为外汇或类似市场经常处于波动走势，而且大多数时候波动幅度都不大，有时候甚至会横盘整理多年。例如十多年来，美元和欧元的兑换比率大都维持在 100：85 左右，此时操作网格交易能持续获利。当然特殊时候的处理方式也有不同，例如在写这段文字时候，俄乌战争开打，欧元一直在贬值（缺乏有效波动行情），战争开始以来基本是单边行情，这对于网格交易来说并不是好事情。

最后，读者应该意识到网格交易的本质是对冲，它涉及多笔交易，好的交易可以抵消坏的交易。只要市场价格波动仍在设置的范围内，保证控制好风险就可以确定盈利。

第 4 节　搭建网格交易系统

前面我们了解了网格的基本原理，现在使用该原理设计一个简单的算法来实现网格交易功能，步骤如下。

（1）先下一个买单和一个卖单，价格分别是我们定义的网格价差；

（2）如果买单成功成交了，则在更高的网格单位再下一个买单，以保证买卖单平衡；

（3）卖单同样如此，如果卖单成交，则往下一个网格单位下一卖单；

（4）如果买单或卖单空了，应该如何处理。

根据以上程序逻辑，设计网格系统时要考虑几个基本运作模块。

（1）买单的逻辑，并检查买单是否成交；

（2）卖单的逻辑，并检查卖单是否成交；

（3）考虑在没有买单（也就是买单已空）的情况下怎么处理；

（4）考虑在没有卖单（也就是卖单已空）的情况下怎么处理。

以上运作逻辑看起来非常简单，但在真实交易时还需要实现如下功能。

第一，取得目前的实时价格，以便下单时确定价格；

第二，记录所有的买入卖出单，并维护好买入卖出单。比如如果一个买单成交，则将这个买单从买单列表中剔除；卖单成交也如法炮制。要注意这里的买入卖出单和实际成交的订单需要用不同的列表维护。

以下代码展示了获得当前价格、计算买入量、买入卖出单按价格排序、删除买单和卖单等功能。

```
bid_price, ask_price = self.get_bid_ask_price()
    print(f"bid_price: {bid_price}, ask_price: {ask_price}, time: {datetime.now()}")
    quantity = round_to(float(config.quantity), float(config.min_qty))
# 最高价到最低价.
    self.buy_orders.sort(key=lambda x: float(x['price']), reverse=True)
# 最高价到最低价.
    self.sell_orders.sort(key=lambda x: float(x['price']), reverse=True)

    buy_delete_orders = []   # 需要删除的买单
    sell_delete_orders = []  # 需要删除的卖单
```

现在来看买单成交后应当如何操作，先看看下面的代码。

```
sell_price = round_to(float(check_order.get("price")) * (1 + float(config.gap_percent)), float(config.min_price))

if 0 < sell_price < ask_price:
   # 卖出价格低于目前价格才能成交
   sell_price = round_to(ask_price, float(config.min_price))

new_sell_order = self.http_client.place_order(symbol=config.symbol, order_side=OrderSide.SELL, order_type=OrderType.LIMIT, quantity=quantity, price=sell_price)
```

```
    if new_sell_order:
        print(f"买单成交,下了对应价格的卖单: {new_sell_order}, 时间:
{datetime.now()}")
        buy_delete_orders.append(buy_order)
        self.sell_orders.append(new_sell_order)
```

以上代码完成的流程如下:

(1) 计算一个卖出价 sell_price,计算公式是:成交单价格×(1+网格的大小),即卖出价比成交价提高一个网格价格;

(2) 如果计算的卖出价低于上一个成交价(sell_price < ask_price)说明价格在快速下跌。单边快速下跌时为降低交易频率,则将 sell_price 重新赋值;

(3) 下一个卖单,价格为上一步的卖出价;

(4) 同时下一个对应价格的买单,代码如下。

```
    buy_price = round_to(float(check_order.get("price")) * (1 -
float(config.gap_percent)),
                                    config.min_price)
    new_buy_order =
self.http_client.place_order(symbol=config.symbol,
order_side=OrderSide.BUY, order_type=OrderType.LIMIT,
quantity=quantity, price=buy_price)
    if new_buy_order:
        print(f"买单成交,下了更低价的买单: {new_buy_order}, 时间:
{datetime.now()}")
        self.buy_orders.append(new_buy_order)
```

同样,卖单成交时也要同样处理,这里就不再贴代码了。

接下来我们再看在没有买单时该如何处理,首先要考虑在什么情况下没有买单。

第一种情况是在开始建仓的时刻,此时仓位是 0,需要逐步下多单,逐步建仓。

第二种情况是在单边下降行情时,由于价格下跌,仓位里的买单逐步成交,而卖单无法成交,也就是回归到买单为 0 的情况,但这种情况和第一种建仓的情况还是有细微不同,所以我们分开处理。

下面展示了设置标志位将这两种情况分开处理的伪代码。

```
    if self.isBuySTART:
    ......
    self.isBuySTART = False
    else:
```

```
#买单不存在,说明价格快速下跌
......
```

除此之外还需要处理订单过多的情况,主要是防止在价格快速上涨或下跌时买单生成过多的情况,此处的处理方式主要是去掉最低价的买单,相关代码如下。

```
    if len(self.buy_orders) > int(config.max_orders): # 最多允许的挂单数量.
        # 订单数量比较多的时候.
        self.buy_orders.sort(key=lambda x: float(x['price']), reverse=False)  # 最低价到最高价
        delete_order = self.buy_orders[0]
        print(f"订单太多了,撤销最低价的买单:{delete_order},时间:{datetime.now()}")
        order = self.http_client.cancel_order(delete_order.get('symbol'), client_order_id=delete_order.get('clientOrderId'))
```

第 5 节　网格交易的常见问题与进阶

前文谈到网格交易原理时,提到由于网格本身的交易理念和原则决定了它无法获得单边行情的利润,想要规避此问题就应想办法处理单边行情,一些可行的处理方案如下。

(1)设置网格顶部和底部限制区域。价格如超过限制区域则建立反向对冲单;等到行情平稳,也就是回落到非限制区域时再撤销对冲单。我们当然可以靠人工经验设置区间范围和确定止盈的阈值决定,但最好的办法还是交给机器:实时判断当前时刻是振荡区间还是单边行情。

(2)设置等比网格单。对于等差网格而言,网格的区间相对价格来说是一定的,而等比网格相对于价格的比例是一定的。例如设置 1%为网格最小单位,等比网格越往上走,网格区间越大。

(3)一开始就做网格对冲。一般在允许开空单的市场中,反向操作网格。正网格是越跌越买,越涨越卖;反向操作即越涨越下空单,越跌则越应该抛出空单赚取利润。当然,对冲获取盈利的方式不止这一种,其原则无非是利用价差,不再赘述。

从网格运行原理可知,要解决单边行情,就要解决好网格区间如何确定的问题:如果完全依靠个人的经验手动筛选,则可控性较差。那么是否能有一种自动确定网格间距的方法呢?笔者认为:网格间距往往是根据长短周期变化率确定的,ATR 正好表示了市场变化率,它输出的是价格波动平均值,故得出如下公式:

ATR(短周期) + ATR(长周期) /2 / 目前标的价格。

依据该公式，可以根据自己标的的类别选择长短周期，比如笔者在操作加密货币时选择 1 分钟与 5 分钟线，代码实现如下。

```
ATRshort = self.compute_ATR(timeframe='1m', timeperiod=5)
ATRlong = self.compute_ATR(timeframe='5m', timeperiod=10)
gap = (ATRshort[-1]+ATRlong[-1])/2/bid_price
```

根据以上代码，可以使用 gap 直接作为区间或者确定区间的依据，由于 ATR 是根据 1 分钟线和 5 分钟线实时计算的，所以我们得到了可以动态变化的网格区间。

首先思考一个问题，在网格交易中，持续下跌能否赚钱（这里我们假设使用正向网格，即低买高卖的方式）？赚钱最好满足两个前提，一是后期股价肯定会上涨；二是有足够资金支持自己越跌越买，保证在下跌过程中不会损失惨重。这两个前提属于理想前提，在现实中不具备可操作性，我们既无法保证后面就一定会涨，也无法拥有持续不断的资金，所以要另觅他途，找到在现实中遇到这种情况时的赚钱之道。或者退一步，如何做到尽量少亏钱、保证资金安全？对此，有以下三条建议。

第一，事前止损，优选标的：选择波动大，但历史上极限跌幅有限的标的。如果要确定一个具体值，那么极限跌幅范围覆盖网格总体范围 1/3 的比较合适。要小心一些波动特别大的加密货币，将网格覆盖范围设定在历史最大回撤的 50%~100% 的价格跌幅范围比较稳妥。

第二，设定更小的单次仓位，确保极低的爆仓概率。

第三，如果超过网格设定的范围，比如击穿了最低价，或者击穿了我们设定的价格，这时则应开始保留一定的资金量并暂停交易，等待价格回抽时再交易。

总而言之，网格交易可以作为其他交易手段的有效补充，但不应该将大部分资金投入网格交易中。可以保留部分交易资金作为趋势策略，在大多数工薪阶层能接触到的市场里，趋势收益才是重点，俗称买"国运"。

第 6 节　高频交易框架

Freqtrade [32] 是一个用 Python 编写的免费开源的加密货币交易框架，同时还包含了接受指令的交易机器人、回测、绘制图形和资金管理工具。

虽然 Freqtrade 主要是面向加密货币的，但也可以应用到其他各种投资标的物上，Freqtrade 目前具备以下功能。

- 自定义策略：使用 Pandas 在 Python 中编写策略。策略存储库中提供了示例策略。
- 下载市场数据：下载加密货币交易所和你可能想要的交易市场的历史数据。
- 回测：根据下载的历史数据测试策略。
- 优化：使用真实数据为策略找到最佳参数。可以为策略优化买入、卖出、获利（ROI）、止损和追踪止损参数。
- 选择市场：创建静态列表或使用基于最高交易量和/或价格的自动列表（在回测期间不可用），还可以将不想交易的市场明确列入黑名单。
- 运行：使用模拟货币测试策略（试运行模式）或在真实市场使用它（实时交易模式）。
- 使用边缘交易（可选）：根据止损的变化找到市场的最佳历史交易预期，然后允许或拒绝市场交易。交易规模取决于所能承受的风险。
- 控制/监控：使用 Telegram 或 REST API（启动/停止机器人、显示盈亏、每日摘要、当前未平仓交易结果等）来获取监控信息。
- 分析：可以进一步分析回测数据或 Freqtrade 交易历史（SQL 数据库）。

Freqtrade 的一个策略至少包含以下 5 个部分。

- 指标定义
- 买入信号规则
- 卖出信号规则
- 建议的最小投资回报率
- 止损配置

下面是一个官方例子：sample_stratege.py。该例子中包含了以上 5 个部分，可以实现简单自定义策略，下面我们来分析这 5 部分的相关代码。

（1）买卖策略需要定义指标

可以通过扩展策略文件中的方法 populate_indicators()来添加更多指标。

```python
def populate_indicators(self, dataframe: DataFrame, metadata: dict) -> DataFrame:
    dataframe['sar'] = ta.SAR(dataframe)
    dataframe['adx'] = ta.ADX(dataframe)
```

（2）买入信号规则

可以编辑策略文件中的方法 populate_buy_trend()更新购买策略。

不要删除/修改 DataFrame 中的"open""high""low""close""volume"列，后面的代码可能会用到这部分数据。该方法还定义了一个新列"buy"，1 表示购买，0 表示不操作。

以下为 populate_buy_trend 代码。

```python
def populate_buy_trend(self, dataframe: DataFrame, metadata: dict) -> DataFrame:
    """
    Based on TA indicators, populates the buy signal for the given dataframe
    :param dataframe: DataFrame populated with indicators
    :param metadata: Additional information, like the currently traded pair
    :return: DataFrame with buy column
    """
    dataframe.loc[
        (
            (qtpylib.crossed_above(dataframe['rsi'], 30)) &  # Signal: RSI crosses above 30
            (dataframe['tema'] <= dataframe['bb_middleband']) &  # Guard
            (dataframe['tema'] > dataframe['tema'].shift(1)) &  # Guard
            (dataframe['volume'] > 0)  # Make sure Volume is not 0
        ),
        'buy'] = 1
    return dataframe
```

（3）卖出信号规则

卖出信号规则：使用对应的 populate_sell_trend() 方法执行卖出策略。注意，只有在配置中将 use_sell_signal 设置为 true 时才会真正执行。

此方法还将定义一个新列"sell"，用 1 表示卖出，用 0 表示不操作。

(4)最小投资回报率

这部分定义了交易在卖出前应达到的最小投资回报率。可以按以下格式组织，冒号左侧是自交易开始以来经过的分钟数，冒号右侧是百分比。

```
minimal_roi = {
    "40": 0.00,
    "30": 0.01,
    "20": 0.02,
    "0": 0.04
}
```

上述配置规则的代码如下。

- 达到 4% 的利润就立即卖出
- 达到 2% 的利润时卖出（20 分钟后生效）
- 达到 1% 的利润时卖出（30 分钟后生效）
- 交易未亏损时卖出（40 分钟后生效）

(5)止损配置

强烈建议设置止损策略，保护资金免受剧烈波动。例如直接设置资金亏损 10% 时则止损：stoploss = -0.10。

本节文字改编自 Freqtrade 官方文档[32]。

第八章
问答集

第 1 节 介入时机

当选好股票并大致确定买入时间范围后，下一步要选择介入时机。交易的介入时机一般分为两种：左侧交易与右侧交易。左侧交易就是在走势还没有形成时判断走势的方向，吃进最多的利润；右侧交易就是在走势已经确定后买入，吃进确定性高的利润。如果使用机器学习买入卖出，则可以不用关心该原则，而根据机器提示来择时，主要目标是构建长期与短期的混合择时预测组合。

第 2 节 有了算法后，还需要人工介入吗

模型建立以后，人工起什么样的作用？笔者觉得个人起码可以有以下两个作用。

第一，微调模型或优化模型。你可以改变特征和参数，不停地回测数据，以发现最合适的模型。

第二，尽量从已经发生的买入卖出操作中汲取经验，不管买入好的还是差的股票，都能反推出自己是因为什么而买对或买错，并将发现的特征和规则融合到已有的策略中。

第 3 节 需要多大的资金规模

假设：

- 操盘 2 亿元，虽然可以全部用来买入股票，但有必要留下 20%~30% 的机动资金。
- 操盘 20 亿元，可以用一半来买入股票，也可以继续用 80% 的资金来买入股票，当然先得保证容量足够。
- 操盘 100 亿元，可以用 16 亿元买入股票，留下 30% 的机动资金，其他做债券的配资。
- 操盘超 100 亿元，则可以将大部分资金放入大类资产、房地产、租赁、期货、国债等。

第 4 节　如何预测黑天鹅事件

首先，我们要明白什么是"黑天鹅"。"黑天鹅"是指不可预测的事件，它超出了人们对某一情况的正常预期，并有潜在的严重后果。黑天鹅事件的特点是极其罕见，影响严重，而且人们普遍认为事先并不可知。

举几个黑天鹅事件的例子。

2008 年金融危机期间美国住房市场的崩溃是最近发生的最著名的黑天鹅事件之一。这次崩盘是影响全球的灾难，只有很少人预测到它的发生。

同样在 2008 年，津巴布韦发生了 21 世纪最严重的恶性通货膨胀，通货膨胀率的峰值超过了百分之 796 亿。这样的通货膨胀水平几乎是不可能预测的，它几乎毁掉了这个国家。

2001 年的网络泡沫是另一个黑天鹅事件，它与 2008 年的金融危机有相似之处。在经济灾难性地崩溃之前，美国正在享受快速的经济增长和私人财富的增加。由于互联网在商业使用方面处于起步阶段，所以各种投资基金对需要投资的技术公司给出了过高的估值。当这些技术公司倒闭时，投资基金也受到了严重影响，下行的风险传递给了投资者。这在互联网领域的历史上是头一次，所以也属于不可能预测的市场崩溃事件。

还有一例是美国长期资本管理公司（LTCM），由于俄罗斯政府的债务违约造成连锁反应，在 1998 年被逼到了绝境，该公司的计算机模型显然没有成功预测到这一事件。

所以我们无法预测"黑天鹅"什么时候到来，或者持续多长时间，只能被动设定好持仓比例、退出条件，并遵守纪律，做好对冲平衡，最大程度降低黑天鹅事件对自己的影响。

第 5 节　什么是指数增强

指数一般指的是沪深 300 所反映的大市值股票的指数：上证 50 成分股指数或中证 500 是反映中小公司成长的指数。指数增强就是只观察账户收益与指数的差值，这部分相对指数的收益称为超额收益。指数增强是一个评判收益好坏的指标，假设策略对标的指数是中证 500，如果中证 500 涨了 7 个点，指数增强策略操作的账户涨了 10 个点，那么超额收益就是 10-7=3 个点。

从事量化交易的指数增强公司自 2018 年以来有增长趋势，大都是 20 亿元~100 亿元左右规模的私募基金公司。这些量化公司主要还是以指数增强策略为主。一般这类策略都会利用因子分析技术，而利用因子分析技术的资金容量都比较大，可以适应 30 亿元以上的资金规模。

如果以因子分析策略为主，那么风险控制、股票池管理、因子管理、仓位管理等工作量很大，而取得的效果却一般。从笔者了解的情况来看，2021—2022 年间，使用了机器学习（深度学习）模型的私募基金公司，所获得的盈利大多要超过传统指数增强基金类的公司。指数增强唯一的亮点就是容量较大，如果管理 100 亿元以上的基金规模，则可以考虑指数增强策略；如果没有资金管理的规模要求，也可以选择使用机器学习。

第 6 节　私募公司是如何开发策略的

要回答这个问题，需要弄清楚算法开发流程。为了方便起见，下面以基金公司普遍采用的因子分析策略为例阐述。

因子分析算法的第一步是发掘因子，此工作相对比较独立，可以单独建立一个小组负责因子特征的发掘和构建。因子的发掘和构建包含基本面、技术面，还有前文所述的市场消息面，甚至针对某些特殊领域的，比如大宗商品、汇率等的市场研究。

第二步是如何利用好这些因子，现在大多数公司的做法是**利用因子开发模型，用模型来交易**。

第三步是将模型输出结果应用到实际交易中，也就是当模型给出买入信号后，我们怎么买入？如果模型给出卖出信号，又该如何卖出？如果买入信号强于卖出信号，我们是否要换仓？反之，是否要留更多的资金？

大多数公司一般按以上三个步骤分为三个小组协同工作。当然有些体量稍大的公司还会将第三个步骤继续拆分，主要是优化下单算法。例如，对于价格快速上涨的股票，可以动态挂高价买入，这样能获取更多利润；对于慢涨股票或慢跌股票，可以用另外的策略。这样一来，依靠选择买入的时机和价格，实现收益最大化。

第 7 节　是否要在机器学习模型中单独区分行业

目前不需要控制行业区分信息，因为股票的择时和行业之间的敏感度不高。也就是说，在同一个行业中也会有既涨又跌的股票。我们的目标就是找到会上涨的股票，卖出会下跌的股票，是否处于同一个行业并不是最终关注的目标。

第 8 节　指数是否重要

指数作为衡量股价走势的关键指标，其前提是指数真正代表了整体股价走势。据笔者观察，从 2021 年 11 月开始到 2022 年 2 月，指数完全不能反映整体股价走势。如果需要用指数反映走势，则应该在指数（比如中证 300）中加入一些市场规模较小的股票，或者在中证全指中调低大市值股票的权重。

在利用机器学习模型指导股票操作时，大多数时候不需要将指数加入特征集合，仅作为额外参考就可以了。

第 9 节　追涨或打板

完全的追涨策略在 2021 年年底至 2022 年年初的市场上，已经被证明越来越不可靠了，风险回报比越来越大，常常变为在追涨后马上面临股价下行，资金层面的损失回撤会比较大，建议尽量减少人为介入的追涨策略。

但是在市场环境不是很好的时候，打板反而有效。当整体市场不好，人们总是倾向于涨幅比较大的股票，资金短期追捧造成第二天有足够机会可以卖出，这也说明国内股市追涨特性的基本模式并没有怎么改变，散户比较多且大家的操作习惯趋向一致，所以在一些时段中，打板还是会有一定的利润空间。

第 10 节　股票池筛选原则

按照目前 A 股大概 4000 只的规模，建议股票池选择 1500 只左右股票，不要超过 2000 只。可以从以下三方面选择股票：基本面、流动性、新闻（消息）面。其中，注意以下几点。

- 基本面不用更新太频繁，可以每周更新。
- 流动性可以用简单的指标，如量能比、量价比、换手率等，也可以用比较复杂的计算公式。每日计算一遍，以调整股票池。
- 可以实时监控新闻，按需调整。如果根据历史事件，发现战争新闻对整体股价走势都有影响，就应在发现战争征兆前尽快调整仓位。再如历史上美联储加息事件导致资产回流、回抽是大概率事件，所以若出现加息新闻，也需要提早布局，尽快调整仓位。

第 11 节　如何设置机器学习的目标

读者会发现在上面大多数的实操例子中，我们没有用回归模型预测股票价格或价值，而是多选用分类作为目标，主要是基于以下几方面的考虑。

第一，因为股票的随机性，所以很难准确预测单只股票的价格。如果只是一般性的不准确还好，例如真实值是 10，我预测为 8，这种差距不大，不影响交易结果；但如果真实值为 10，我预测出 -1，这可能导致我们的策略变成卖出，就直接影响交易结果了，所以大多数情况下以分类作为目标。

第二，股市本身有涨跌幅限制，目前最高不会高于 20%（之前甚至是 10%），大多数股票在大多数时候的日波动率都不会超过 3%，这种拟合值的操作是没有意义的，而且 LSTM 预测输出的值看起来和真实值相比好像就是平移了一段。此处不评价方法的好坏，显然这种学习结果非我们本意。

第三，我们一般使用 MSE 作为损失函数，平方误差消弭了正负情况，而正负情况对于买卖股票的选择很重要。这个问题可以使用自定义的分段误差处理。例如，loss 计算按正负情况分别处理。

第12节 如何建立分类任务：二分类还是多分类

根据任务而定。一般笔者使用三分类的情况比较多，即买入、卖出、持有。而在强化学习中可能有两个或两个以上 agent 的情况，除一个 agent 管理买入、卖出、持有信号外，还可以将仓位的持有数量也加入 agent 的输出分类里，将买卖信号和仓位信号结合起来考虑。

第13节 如何确定长期、中期、短期的周期规律

首先要提醒各位的是，没有所谓的周期规律，如果有这种规律，那我们也不需要费这么大力气去研究算法和模型了，但可以用一些简单的统计手段大致了解下长期、中期、短期的高低起伏，这里直接引用公开资料供大家参考，有兴趣的读者可以自行验证。

长期规律[1]

对多年来上证的情况进行梳理，并对各月份的涨跌情况进行了汇总统计。统计数据表明，持久跑赢大盘虽然很难，但是跟上大盘节奏却是有迹可循的。

1. 在被统计的 301 个交易月中，上涨月份过半，累计有 164 个月大盘上涨。由于在月度涨跌连续性方面，数月持续上涨或下跌的大牛市或大熊市发生的频次较少，大盘各月份更多的时候是在涨跌交替中波动运行。

2. 每年一、二季度上涨的概率相对较高，见表 8-1。

表 8-1 大盘历史上每年一、二季度前后上涨的概率相对较高

月 份	样本统计年数	下跌月（个）	上涨月（个）	平均涨跌幅（%）
1月	26 年	13	13	1.30
2月	25 年	6	19	3.37
3月	25 年	10	15	0.83
4月	25 年	10	15	4.98

---

1 实例来自第一财经《财商》，数据来源：Wind 资讯。

续表

月　份	样本统计年数	下跌月（个）	上涨月（个）	平均涨跌幅（%）
5 月	25 年	11	14	6.89
6 月	25 年	13	12	0.12
7 月	25 年	14	11	−1.43
8 月	25 年	12	13	4.00
9 月	25 年	13	12	−0.65
10 月	25 年	14	11	−0.65
11 月	25 年	8	17	3.94
12 月	25 年	13	12	1.03

中期规律

- 一般同一个月中，月中涨的幅度较大，月末因为资金要避险或者流动性紧缺，回调可能性增大。
- 一周中一般周四跌的概率比较大，周二、周五上涨的概率比较大。

短期规律

- 一天中一般 10:00—10:30、14:00—14:30 会跌得比较厉害。
- 中午 11:00—13:30 涨的概率比较大。

*短期信号尤其不准，再三强调这里只是给出周期规律参考，勿直接按此买卖。

第 14 节　如何研究对手盘

这是一个复杂的问题，首先要明确对手盘到底指什么？广义来说，一笔买入就对应一笔卖出，反之也一样，这些和你做相反操作或非一致操作的就是"对手盘"。例如做短线交易时，你的对手盘往往都是游资；做长线交易时，你的对手盘一般都是机构。对手盘除简单地分为两类外，还有"做市商"。做市商实际和网格交易有点相似，通常会低买高卖，利润来自价格差，通过积累微小利益而赚钱。我们简单地将对手盘区分为游资和机构，只为分析起来更简单，真实的对手盘往往会不停变换。

如何研究对手盘？这个问题可以说没有标准答案，因为每个时刻对手盘的性质都不一样。以下给出个人的思路供参考，主要考虑两类影响对手盘的因素。一类是消息面，一类是技术面。这两类影响因素看起来和之前我们研究的影响买卖股票的因素一致，但实际上考虑的出发点不同，此时需要站在游资或机构等对手盘的角度考虑问题。例如俄乌发生战争，大宗商品开始上涨，这时你的对手游资开始买入大宗商品，并做空俄乌债券和货币，而机构这时候可能不会有太多动作，只是持续关注金融市场和大宗市场的波动，等到中期时，发现卢布汇率上升，可能抛出美元配置一部分卢布，并开始买入小麦等粮食类商品。也就是说，要根据对手盘的动作而变换自己的策略。

上面只是一个简单的例子。一般而言，如果知道对手盘是哪种类型，那么判断对手下一步要进行什么操作就好办多了。但仍不一定能清晰判断对手盘的类型，因为你的对手盘很可能并不是人而是机器。这些机器可能遵循完全不同的买卖原则，既不像原来的游资与机构，也不像散户。例如 2021 年 6 月后，散户发现自己更难赚到钱了，自己买入热点股票并快速撤出的速度赶不上机器算法的速度，玩资金又玩不过手上握着十几亿元现金流的公募基金和私募基金。当我们发现市场上的玩法发生变化时，就要意识到对手可能发生了变化，对手盘很可能就是一系列算法在操纵。这就迫使我们要去了解对手盘用了哪种算法，这些算法都有什么特点，甚至需要重构或模拟出该算法的输出。

如何重构对手盘的算法？目前看来还是得依靠新闻数据、日数据和实时数据（更多依赖实时数据分析盘面情况）。重构对手算法相当于构建一个多 GAN 网络，也可以优化成一个多 agent、多约束的强化学习问题。

如何重构模拟对手盘算法取决于我们看待这个世界的角度，因为某些不同的算法在同一个时间点的输出可能完全一致，在另一个时间点又完全相反。所以构建什么样的结构很重要，而构建什么样的结构又源于你对世界的观察，即"所有能挣到的钱都来源于你对世界的认知"，最终这个问题演化成了一个哲学命题，取决于你对研究对象的观察方式和学习方式。

第 15 节　什么是冲击算法（下单算法）

严格来说下单算法并不等于冲击算法，冲击算法应该属于下单算法的组成部分。要理解冲击算法需要先了解冲击成本的概念。"冲击成本"又称为"价格冲击成本"，指的是你在下单时对于市场的冲击，最直观的体现即对成交价的影响。如果发生冲击成本，则会影响你的第二次下单或者后续下单成本，也可能会影响这一天内的后续走势。

一般来说，冲击算法的目标为减少对市场的冲击，减少"冲击成本"的产生，尽量使用最低的成本买入，或者以最高的价格卖出。A 股的市值目前在 100 万亿元以上，资金量过少的交易基本不会对市场有影响，至少一天要交易 100 万元以上的金额才需要考虑冲击成本。

影响冲击成本的因素有很多，笔者根据自己的经验将其分为盘外影响因素、盘口情况与内在影响因素。

- 盘外影响因素：主要是指场外的冲击行为，比如消息面、关联市场或上游市场的变化。
- 盘口情况：主要是当前价格与成交历史订单，包括 5 档委托单（波动剧烈的要考虑 10 档委托单）。
- 内在影响因素：就是开始下单时对于整体盘口会有什么影响，参考目前盘口的量价信息，制定下单策略，要使下单的量均衡，对盘口及后续下单的影响尽量小。

冲击算法的核心问题是要解决冲击成本和买卖中等待时产生的机会成本的平衡问题。要做到降低下单时的成本，就需要仔细考虑单笔价格和买卖数量，这里主要使用分段函数来预防冲击影响。

例如，当我们要买入 A 股票时，我们用简单的 VWAP 实现初始下单算法，VWAP 已经考虑了某段时间内的证券价格与成交量关系了。此时我们发现上一时刻的价格突然降低，致使我们 VWAP 给出的买入量提高了（价格降低导致）。但如果仅仅用 VWAP 计算，仍无法反映这一时刻的价格降低、卖出大单带来的影响。所以我们将前一秒的数据进行加权，重新计算 VWAP 值，再加入我们制定的一个规则：当有大单卖出时将持续等待 5 秒。假设我们这只股票的大单都不是单笔卖出，也许 5 秒后能以一个更低的价格买入。当然，我们在买入时也需要另外的人工规则，因为人为大单后总有一个护盘单，或者散户带来的反弹，这时你要抢在这些单子将价格拉起来之前买入相应的股票。此时如果突然出现一个影响盘面的信息（包括外盘变换），你不能马上转换策略改变买卖数量，而是要等信息真正发生盘面作用后才开始进入外盘冲击算法流程。

以上只是一个典型例子，不能在操作中完全照搬。例子中人工制定的"规则"也可以用机器学习替代，效果一般会更好。对于这种可以从盘口信息分析学习主力意图的模型，如果你自己是主力也需要防范，主要在于如何隐藏自己的真实交易行为，无非两种方法：一是不直接反映自己的买卖意图（不要挂前三的委托单，更不要下单直接买卖），二是化整为零（将买卖数量打散，隐藏真实的买卖数量）。

第 16 节　如何利用大模型进行研报的分析判断

在金融领域，投资者需要获取尽可能多的信息来进行股票买卖决策。然而，信息如此之多，以至于人工处理和分析信息已不再可行。这时，帮助判断分析信息、整合信息的机器学习模型就派上用场了。ChatGPT 的出现给了我们一个方向，即纯语言模型也可以直接用来分析研报，可惜的是，ChatGPT 上线后不久，由于担心被滥用，OpenAI 公司关闭了它直接分析财报的功能。

如果仍想要分析财报功能，便只好利用开源大模型了。我们选用 META（Facebook）开源的 LLaMa-7B 作为基础模型，根据我们的实际应用（分析财报），再利用金融领域的研究报告作为数据进行大模型的微调，利用微调后的模型分析财报中股票的潜在优劣势，进而给出操作意见、指导买卖。在下面的内容中，我们将讨论如何利用 Alpaca-LoRA 项目微调模型，使之具有分析研报的能力。

Alpaca-LoRA 是什么

Alpaca-LoRA 是一个 Python 代码库。该库主要使用低秩适应（LoRA），并提供了一个微调 LLaMa 的代码库，其质量与 ChatGPT 的早期模型版本 text-davinci-003 接近，甚至可以在树莓派上运行（当然理论速度非常慢）。该代码库主要使用了 7B（即参数量为 70 亿）模型，如果想使用 13B、30B 和 65B 模型作为基础模型微调，也可以稍加修改即可运行。为了高效地进行微调，该库也使用了 Hugging Face 的 PEFT 以及 Tim Dettmers 的 bitsandbytes。

利用金融领域的研究报告进行数据微调

我们可以使用金融领域的研究报告作为基础数据来微调 Alpaca-LoRA 模型。这些研究报告通常会提供有关股票和市场的详细分析和信息，包括市场趋势、公司财务状况和竞争对手分析等。

在利用研究报告进行数据微调时，首先需要确保数据的准确性和可靠性，这意味着需要仔细筛选和审核研究报告的来源。其次，应当选择与我们想要分析的股票相关的研究报告。如果选择了与股票无关的研究报告，那么得到的数据可能不够精确，从而影响分析结果。

我们提供示例微调数据样本如下。

```
{
    "instruction": "按以下研报内容分析该股票购买评级，分为买入、持有、观望、卖出、未知等级",

    "input": "根据最新财报，该公司去年实现净利润同比增长 20%，表现良好。不过，受全球宏观经济形势影响，公司未来业绩面临一定的不确定性。此外，该公司的竞争对手正在加大市场份额争夺力度，投资者应当谨慎考虑。",

    "output": "解析：根据研报所述，该公司去年实现了净利润同比增长 20%，表现良好，但受宏观经济形势影响，未来业绩面临不确定性。此外，竞争对手市场份额争夺激烈，这些都可能对该公司的股价产生影响。因此，建议投资者在观察该公司未来业绩的同时，也要关注整个行业的发展趋势，谨慎考虑是否要购买该公司的股票。根据以上分析，建议给出"观望"评级。"
}
```

可以看出 instruction 标签的内容主要说明我们要对研报进行什么样的评估（操作），这是一种供模型使用的指令；

第二行 input 标签内容则输入研报本身的内容。这部分内容可以根据需要截取或提取一些摘要作为输入，如果太长可能会超出基础模型的输入字数限制。

第三行 output 标签则是对该研报的人工分析，并给出相应结论。大家可以在研报的结尾找到对应的内容，也可以由专家提取撰写研报的分析内容，末尾我们给出研报的评级。

最后，对于训练所需的数据量，笔者的体会是：1000 条以上才能看出输出的变化，5000 条以上才能得到一个稍微可用的微调模型。

那么如何利用研报数据微调结果呢？准备好数据后，我们再准备环境如下。

第一步，安装环境所需要的包：pip install -r requirements.txt

第二步，如果 bitsandbytes 无法正常工作，请从源代码安装。

Windows 用户可以按照以下说明进行操作。

（1）安装 Python 3.7 或更高版本。

（2）安装 Visual Studio 2019 或更高版本。在安装期间，请确保选中"Desktop

development with C++"和"MSVC v142 - VS 2019 C++ x64/x86 build tools"选项。

（3）安装 CUDA 11.0 或更高版本，请确保您的显卡支持 CUDA。

（4）安装 cuDNN 8.0 或更高版本。

（5）克隆 bitsandbytes 的 GitHub 存储库（参见链接 8-1）。

（6）打开命令提示符或终端并导航到 bitsandbytes 存储库的根目录。

（7）运行以下命令以安装 bitsandbytes：pip install -e。

数据和环境全部准备好之后，按如下步骤开始操作。

第一步，开始训练（finetune.py）

我们直接使用项目中的 finetune 文件进行微调，示例如下。

```
python finetune.py \
--base_model 'decapoda-research/llama-7b-hf' \
--data_path 'yahma/alpaca-cleaned' \
--output_dir './lora-alpaca'
```

其中，--base_model 参数是指微调所用的基础模型；--data_path 是我们上一步准备的训练数据的目录；--output_dir 是训练完毕存储模型的目录。

第二步，推理（generate.py）

训练完成后，可以运行对应的推理代码 generate.py，如下所示。

```
python generate.py
--load_8bit
--base_model 'decapoda-research/llama-7b-hf'
--lora_weights 'tloen/alpaca-lora-7b'
```

generate.py 的主要功能是从 Hugging Face 模型库中读取基础模型 llama-7b-hf 和从 tloen/alpaca-lora-7b 中读取 LoRA 权重，并利用 Gradio 生成一个网页供用户输入输出。我们在生成的网页内可以填写训练集对应的内容。填写的要求和训练样本一致，即 instruction 标签给出要对研报执行的操作，input 输入研报内容，然后可以得到对于该股票的分析结果。当然研报内容也可以是自定义的内容，比如可以将一些不曾注意到的股票研报内容放入 input，以得到更加出人意料的输出结果。

研报分析与股票预测的区别

虽然两者都涉及股票市场的分析和决策，但它们的目标和方法不同，下面分别阐述。

首先，Alpaca-LoRA 项目的目标是通过数据微调来分析金融领域的研究报告，从而帮助投资者更好地理解股票市场和做出更准确的决策。它并不直接预测股票市场的未来走势，而是通过分析过去的数据和趋势来提供决策参考。因此，它的应用范围更加广泛，可以用于投资组合管理、风险管理等多个方面。

相比之下，股票预测更加专注于预测股票市场的未来走势。它通常使用技术分析、基本面分析等方法，通过对市场趋势、公司财务状况、宏观经济环境等方面的分析来预测股票的价格和涨跌趋势。虽然股票预测也可以提供投资参考，但由于市场的复杂性和不确定性，预测结果往往存在一定的误差和不确定性。

因此，对于投资者来说，理解研报分析和股票预测的区别非常重要。投资者应该根据自己的需求和风险承受能力来选择适合自己的投资策略，并且应该充分考虑市场的不确定性和风险，以便做出更加明智的决策。

另外，还需要注意 Alpaca-LoRA 不能替代预测股价的走势。它只是一个语言模型，需要输入研报数据再微调，微调后的模型是一个基于自然语言处理技术的语言模型，可以帮助我们分析与股票市场相关的新闻报道、财经研究报告等文本，提取其中的关键信息。但它只是通过文本分析向投资者提供参考意见，因此，投资者在决策时，仍需考虑多重因素，包括但不限于财务数据、市场趋势、行业竞争等。同时，在使用 Alpaca-LoRA 分析股票时，也需要合理解读模型的输出结果并进行判断，以免出现误导性的结果。

第 17 节　傻瓜的故事

大傻天性好赌，比如赌黄金。我们知道，一旦遇到危险，人们一般喜欢通过买黄金来避险。大傻一般会在周五买黄金，赌周末会发生战争等利空事件。而另一个傻瓜，我们称之为二傻，一般在周一买黄金，此时在周五买黄金的大傻就会卖掉黄金从而获利。但是，这只是周末真的有利空事件发生时才会成立，否则大傻赚不到钱。

因为赌周末发生利空事件这件事不太靠谱，所以为了不成为周五买黄金的大傻，有人就想做周四买黄金的大傻，等周五买黄金的二傻进场，此时周四买黄金的大傻赌的就不是周末会不会有利空事件，而是赌周五肯定有二傻进赌场，因为这时候的二傻和上一个故事的大傻逻辑一样，赌周末会发生利空事件。这时候下周一买黄金的就成为三傻了，以此类推[33]。

这个故事是笔者无意间找到的，觉得有趣就放上来，作为整本书的结束。故事只讲了一件事情：股市或者其他任何投资市场都是动态博弈的，所以我们的交易模型、方法也需要不断更新。前提是：第一，你能找到博弈的潜在对手，要看清楚对手是谁；第二，要搞清楚对手的真实意图。这里的对手不一定是一个人，通常是一群人、一个组织，不一定是个完全理性人（经济学中假设的完全理性人），也可能有情绪，而情绪受到消息面影响，消息面包含了新闻和周围人传的小道消息等。

假设我们开始设计了一种基于 LSTM 的模型，模型表现为追涨杀跌型的风格，并且开始运行得很好。由于资金量越来越大，市场上其他人发现了这种风格的模型。这些人利用观察到的股票和走势做"附和盘"，即跟随我们的模型，在比较高的点提前下车。由于提前下车的资金越来越大，导致股价在高点很容易崩溃，甚至我们的股票都无法完全卖出，简单来说就是被埋了，所以我们针对这些跟风盘又开发了新的策略，形成了新的一轮循环，就像上文提到的傻瓜那样行事。大家也许都当过傻瓜，并且都不想继续当傻瓜。

市场上类似这样的动态博弈，每时每刻都在上演，谁掌握了动态博弈的秘密，就掌握了交易的密码。

附录 A

附录：实盘结果，相对中证 500 指数的超额收益图。

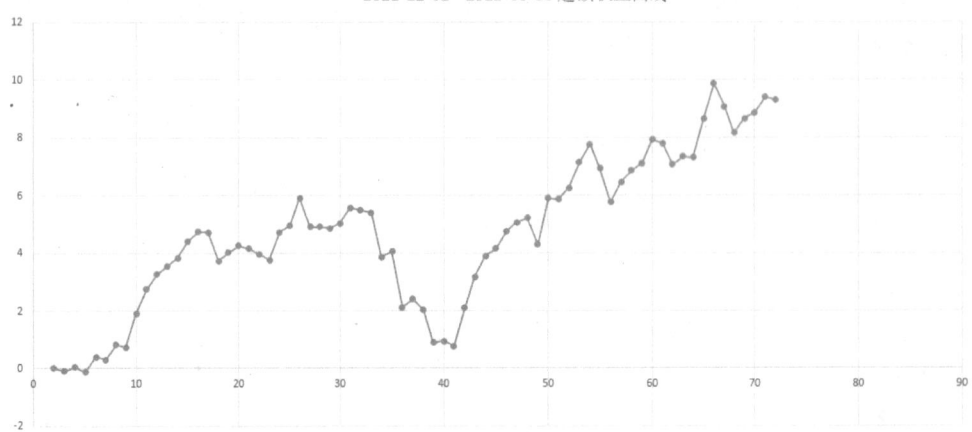

2021-12-02—2022-03-18 超额收益曲线